Tilman von Brand

Stundenplanung Deutsch

Leitfaden für Praktikum, Referendariat und Lehrprobe

Klett | Kallmeyer

Bibliografische Information der Deutschen Nationalbibliothek
Die Deutsche Nationalbibliothek verzeichnet diese Publikation in der Deutschen Nationalbibliografie; detaillierte bibliografische Daten sind im Internet über http://dnb.d-nb.de abrufbar.

Impressum

Tilman von Brand
Stundenplanung Deutsch
Leitfaden für Praktikum, Referendariat und Lehrprobe

4. Auflage 2023

Redaktion: Sebastian Thede, München
Realisation: SchwabScantechnik, Göttingen
Druck: BELTZ Bad Langensalza GmbH, Bad Langensalza
Printed in Germany

ISBN: 978-3-7727-1120-6

Tilman von Brand

Stundenplanung Deutsch

Leitfaden für Praktikum, Referendariat und Lehrprobe

Klett | Kallmeyer

Inhalt

Vorwort

Im Rahmen von Vorführstunden – während des Praktikums, des Referendariats oder im Rahmen von dienstlichen Beurteilungen – wird von Ihnen das Unmögliche verlangt: Sie sollen Unterricht präsentieren, der, soweit es geht, von den Schülerinnen und Schülern improvisierend in sinnvollen Arbeitsschritten gestaltet, organisiert und durchgeführt wird. Gleichzeitig sollen Sie diesen aber führen und vor allem in seinem Ablauf vorwegnehmen. Passende Materialien, Aufgaben und Medien sollen bereitliegen, und am Ende der Stunde soll die Lerngruppe genau das gelernt haben, was sie als Stunden- und Feinziele meist Tage zuvor festgesetzt haben. In Anlehnung an das berühmte Eingangsparadoxon aus Kleists *Michael Kohlhaas* könnte man sagen, sie sollen „eine der zurückhaltendsten zugleich und lenkendsten Lehrkräfte“ sein. Ich will jedoch keine Angst verbreiten: Diesem Ideal kann man sich tatsächlich annähern, und jeder Schritt, der einen in diese zwei vermeintlich entgegengesetzten Richtungen bringt, macht einem dies bewusst.

Mit diesem Buch, das nun erfreulicherweise nach fünf Jahren bereits in der vierten Auflage vorliegt, versuche ich, Sie dabei zu unterstützen, gerade die ersten besonderen Stunden zu planen, an die noch mal andere Anforderungen gestellt sind, als dies im Unterrichtsalltag der Fall sein wird, wenn Sie 25 Stunden pro Woche vorbereiten müssen. Das betrifft vor allem drei Aspekte. Erstens: Neben Ihren Schülerinnen und Schülern sitzen noch Menschen im Raum, die Sie am Ende begutachten und ggf. auch bewerten werden. Zweitens: Von diesen Stunden wird erwartet, dass Sie Besonderes zeigen. Schulbuchunterricht ist das in Deutsch eher nicht. Drittens: Sie werden in den meisten Fällen einen Langentwurf schreiben müssen, ein Textformat, das speziell für diese Stunden entwickelt wurde. Diese drei Umstände versucht die vorliegende Darstellung in besonderer Weise zu berücksichtigen, indem sie tatsächlich nur die Planung einzelner Vorführstunden thematisiert und dabei immer auch Hinweise gibt, wie diese im Rahmen des Langentwurfs dargestellt werden können und müssen.

Die Idee zu diesem Buch wurde im Laufe vieler Besprechungen von Unterrichtsentwürfen und Unterrichtsstunden entwickelt. Dabei stellte ich immer wieder fest, dass mein Buch *Deutsch unterrichten* für den speziellen Fall der Vorführstunde noch nicht konkret genug war und ist. Ursprünglich hatte ich geplant, es um ein Kapitel zu ergänzen, das Praktika behandelt. Konzeptionell bin ich dabei jedoch an mehrere Grenzen gestoßen. Insofern ist *Stundenplanung Deutsch* weder ein *Deutsch unterrichten* light noch ein ausgelagertes Kapitel. Es ist vielmehr der zuweilen etwas hemdsärmliche Versuch, ganz pragmatische Hilfestellungen bei der Unterrichtsplanung zu geben, für die an einigen Stellen auch die wissenschaftliche Fundierung fehlt, die dafür aber in langjähriger Unterrichtserfahrung bestätigt wurden. In diesem Sinne habe ich auf theoretische Fundierungen bzw. Referenzen verzichtet und meine Ausführungen so praktikabel wie möglich angelegt. Dabei wirkt das eine oder andere vielleicht etwas banal. Ich habe aber festgestellt, dass gerade in den Details oftmals Orientierung gewünscht wird.

Als kompakter Leitfaden soll das Buch sowohl im Ganzen gelesen werden können, sich aber auch als Nachschlagewerk eignen, um sich mit einzelnen Aspekten gezielt zu beschäftigen. Diese zweifache Funktion führt dazu, dass ein paar wenige Dopplungen von Aspekten vorkommen, die sehr wichtig und an verschiedenen Stellen zu beachten sind.

Abschließend danke ich meinen Studierenden, die mich zu diesem Buch motiviert haben und mit denen ich viele der behandelten Aspekte immer wieder diskutiert habe bzw. immer wieder diskutiere. Besonderer Dank gilt darüber hinaus Sigrid Kippelt, die mir erlaubt hat, ihren großartigen Stundenentwurf mit aufzunehmen, der das letzte Kapitel dieses Buches bildet

Ich wünsche Ihnen viel Erfolg und vor allem viel Spaß beim Planen und Unterrichten Ihrer ganz besonderen Deutschstunden!

Großhansdorf, im Juni 2022
Tilman von Brand

1 Grundlegendes

Im folgenden Kapitel werden einige Begriffe geklärt und Grundlagen vermittelt, die allgemein bei der Planung von Unterricht helfen sollen. Auf diese Begriffe wird in der Darstellung der konkreten Planungsschritte entlang des schriftlichen Stundenentwurfs (siehe Kapitel 2) immer wieder Bezug genommen, sodass es sinnvoll ist, die folgenden Ausführungen vorab zu lesen.

1.1 Ideal und Realität

Eine Schwierigkeit dieses Buches liegt darin, dass zwischen dem **Ideal** einer gelungenen Vorführstunde und der **Realität** des Unterrichtsalltags mehr oder weniger große Lücken klaffen. Dies gilt auch für die Unterrichtsplanung und die Darlegung derselben in Form eines Langentwurfs. Darum wird diese Unterscheidung, wo immer es von Bedeutung ist, hervorgehoben. Dabei gilt das Ideal zwar in aller Regel auch für die vermeintlich gewöhnlichen Stunden, von denen im Berufsalltag etwa 25 pro Woche gehalten werden. Dem wird man jedoch nur selten gerecht, da die zeitliche Belastung dies kaum noch zulässt. Im Rahmen der Ausbildung und gerade beim Verfassen von Langentwürfen lernt man im besten Fall, durch welche Planungsentscheidungen (und welches Unterrichtshandeln) man dem Ideal nahekommt, sodass man später die Bausteine kennt und mit diesen souverän hantieren kann.

Insofern sind **Ideal** und **Realität** nicht als Gegensätze zu verstehen. Stattdessen bleibt das Ideal die Zieldimension der Realität. Es wird jedoch in Vorführstunden vielfach zerlegt und im Detail beleuchtet, wo man später in der Routine des Unterrichtsalltags verknüpft und automatisiert. Wenn dieser Unterschied ganz besonders deutlich ist, verwende ich im folgenden Kapitel *idealiter,* wenn ich mich auf das Ideal bzw. die Ansprüche des Stundenentwurfs beziehe, und *realiter,* wenn ich aufzeigen möchte, wie es wohl tatsächlich ablaufen wird.

1.2 Idee und Konzept

Die Unterrichtsplanung bewegt sich zwischen zwei Größen, welche jeweils, aber auch in Kombination, Auswirkungen auf die Qualität haben: **Idee** und **Konzept**. Unter Idee verstehe ich das Originelle, das Besondere, das Kreative des Unterrichts. Das kann ein sehr ansprechender Text, eine methodische Raffinesse, eine besondere Aufgabe, ein lustiger Beispielsatz oder auch eine tolle Interaktion zwischen Lernenden sein – eine schöne **Idee** eben. **Kon-**

zept meint hingegen das Handwerkszeug des Unterrichts: die Kohärenz der Schrittung, die Passung von Gegenständen, Methodik und Zielen, die effiziente Zeitplanung, funktionale Aufgaben usw. Guter Unterricht braucht beides: Originalität und Funktionalität, **Idee** und **Konzept**. Und beides muss ineinandergreifen und zusammenpassen.

In der konkreten Planung hilft es, beide Planungsdimensionen zunächst zu identifizieren (Was an meiner Planung ist **Idee**, was **Konzept**?) und dann zu prüfen, ob beide auch in einem guten Verhältnis stehen und harmonisch ineinandergreifen (Ist meine **Idee** ausgereift? Wird sie funktional genutzt? Passt sie in das **Konzept**?).

1.3 Schülerorientierung und Lenkung

Die Herausforderungen, die im Rahmen von Vorführstunden an Sie gestellt werden, sind groß: Bei größtmöglicher Mitwirkung der Schülerinnen und Schüler am Lernprozess sollen Sie doch den Unterrichtsverlauf so präzise wie nur irgend möglich voraussagen und planen und später dann auch bei maximaler Zurückhaltung effektiv lenken. Das Spannungsverhältnis aus **Schülerorientierung** und **Lenkung** gehört zu den schwierigsten Aufgaben, denen man zu Beginn seines Berufslebens ausgesetzt ist. Und hier Ratschläge zu geben, ist ebenfalls nicht einfach, da es sehr stark von der Persönlichkeit abhängt, wie man sich dem stellt: Wer als Lehrkraft in einer Klasse noch sehr unsicher ist, sollte sich zunächst sicherlich stärker auf die **Lenkung** konzentrieren, um erst einmal in der eigenen Rolle Festigung zu finden und Selbstsicherheit in der Gestaltung der Situation zu gewinnen. Zwar erhöht dies die Gefahr eines lehrerzentrierten, überlenkten Unterrichts, kann aber ein hilfreicher erster Schritt sein, um genau dem dann in einem zweiten Schritt aktiv und bewusst entgegenzuarbeiten. Wer wiederum mit großer oder zu großer Selbstsicherheit oder gar Sendungsbewusstsein ausgestattet ist, sollte sich gleich zu Beginn darauf konzentrieren, Verantwortung in die Hände der Lernenden zu legen und ein hohes Maß an **Schülerorientierung** zu gewährleisten.

1.4 Unterrichtsmedium, Unterrichtsgegenstand, Unterrichtsinhalt

Gerade im Deutschunterricht muss unterschieden werden, was **Unterrichtsmedium** und was **Unterrichtsgegenstand** ist. Unter Ersteres fallen zum Beispiel die Sprache, eine Diskussion, aber auch ein literarischer Text. Unterrichtsmedien helfen dabei, einen Unterrichtsgegenstand zu thematisieren, zu kommunizieren und zu erschließen. Der **Unterrichtsgegenstand** ist das Phänomen im Unterricht, welches es zu erfassen und zu verstehen gilt, z. B. eine literarische Figur, eine Zeichensetzungsregel, eine Wortart. Eine Diskussion kann also Mittel zum Zweck sein, um sich eine Meinung zu bilden, sie kann aber auch selbst zum **Unterrichtsgegenstand** werden, wenn es gilt, z. B. das Gesprächsverhalten zu erlernen. Der **Unterrichtsgegenstand** ist von herausragender Bedeutung, weshalb er zugleich im Zentrum der Sachanalyse (siehe Kapitel 2.4), der didaktischen Analyse (siehe Kapitel 2.5) und der Lernzielbestimmung (siehe Kapitel 2.6) steht. Der **Unterrichtsinhalt** konkretisiert wiederum den Gegenstand. Es handelt sich dabei in aller Regel um Texte oder Themen. Weitestgehend synonym zu Unterrichtsmedium, -gegenstand und -inhalt werden die Begriffe **Lernmedium, Lerngegenstand** und **Lerninhalt** verwendet.

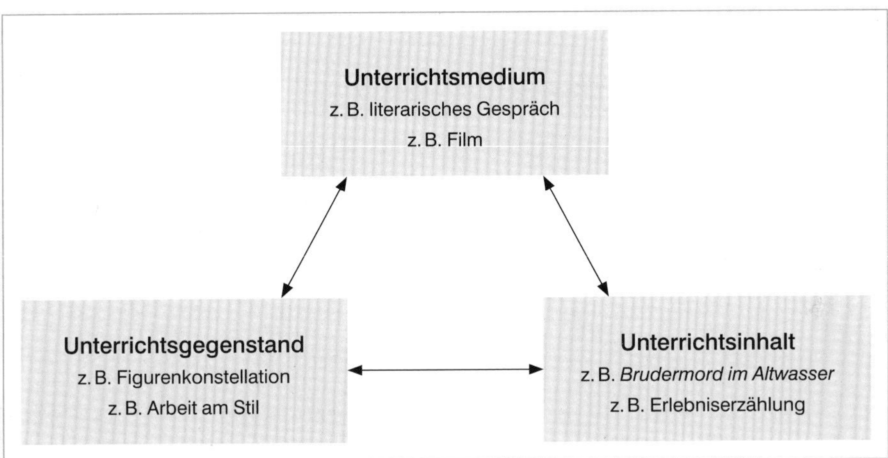

Abb. 1: Unterrichtsmedium, Unterrichtsgegenstand und Unterrichtsinhalt an Beispielen

1.5 Funktionalität

Sie müssen in der Lage sein, jede Ihrer Planungsentscheidungen zu begründen. Hierfür ist die **Funktionalität** das entscheidende Kriterium, denn sie verweist darauf, dass ein Planungsaspekt vernetzt ist und positive Auswirkungen auf andere Aspekte sowie das Gesamtziel des Unterrichts hat. Wenn Sie beispielsweise eine Lesung eines Textes haben, den Sie im Unterricht behandeln wollen, ist es vielleicht eine schöne Idee, diese abzuspielen. Wenn es jedoch keine spezifische Funktion erfüllt, ist die Entscheidung nicht hinreichend begründet. „Ich wollte damit das Hörverstehen schulen" reicht hier nicht aus, wenn dann nicht auch dezidiert Übungen zum Hörverstehen durchgeführt und damit die Kompetenz gezielt gefördert wird. Zu fragen ist also: Welche Funktion erfüllt der Gegenstand/die Methode/die Aufgabe usw. für sich allein genommen und im Unterrichtszusammenhang?

1.6 Eine gute Deutschstunde

In einer Vorführstunde sollen Sie zum einen Ihre Planungskompetenz unter Beweis stellen und zum anderen demonstrieren, dass sie das Unterrichtsgeschehen souverän dirigieren können. Gefordert ist also eine gute Deutschstunde. Die Kriterien hierfür sind ebenso vielfältig wie unübersichtlich. Daher versuche ich es im Folgenden mit einer eher objektiven, empirisch abgesicherten, mit einer fachdidaktisch modellierten und mit einer primär erfahrungsbasierten, subjektiveren Auflistung von Merkmalen, an denen Sie sich orientieren können. Wichtig ist hier aber, auch die Vorstellungen und Vorlieben der Gutachterinnen und Gutachter mit einzubeziehen, sofern diese Ihnen bekannt sind. Denn gänzlich objektiv lässt sich Unterrichtsqualität nicht fassen.

1.6.1 Merkmale guten Deutschunterrichts

Die Diskussion über die Qualität von Unterricht in Folge der ersten PISA-Untersuchung 2000/2001 hatte eine stärkere Konzentration auf empirisch bestimm- und überprüfbare Merkmale zur Folge. Von mehreren Seiten sind entsprechende Kataloge vorgelegt worden, aus denen man die folgenden Gütekriterien für eine einzelne Stunde ableiten kann (vgl. von Brand [5]2016):

- Die Stunde ist **klar strukturiert**. Sie verläuft in Phasen, die auch in ihrer Funktion für die Schülerinnen und Schüler klar erkennbar sind.
- Die zur Verfügung stehende **Unterrichtszeit wird effizient genutzt**. Die Stunde beginnt und endet pünktlich, Unterrichtsstörungen werden vermieden, feste Abläufe und Rituale verkürzen organisatorische Erläuterungen.
- Ein **lernförderliches Klima** wird etabliert.
- In der Stunde wird stets auf **inhaltliche Klarheit** geachtet. Die genutzte Sprache ist verständlich und fachlich richtig.
- Es werden **variierende Methoden und Sozialformen** genutzt, die zu den zu erarbeitenden Inhalten passen.
- Die Unterrichtsstunde ist **orientiert an den Schülerinnen und Schülern** der Lerngruppe.
- Die Lernenden werden zu **intelligentem Üben** angeleitet und motiviert.

- Die Schülerinnen und Schüler werden **komplex motiviert.**
- **Lerninhalte bauen aufeinander auf und werden miteinander verknüpft.**
- Die Stunde zielt auf die **Entwicklung und Steigerung von Kompetenzen.**

Diese Merkmale helfen bei der groben Orientierung und taugen auch als Checkliste für die konkrete Planung. Dabei ist nicht jedes Merkmal in einer einzelnen Stunde zu verwirklichen, aber als Zielperspektive dennoch zu gebrauchen.

Aus spezifisch fachlicher Perspektive und mit Verweis auf den Stand der fachdidaktischen Diskussion hat Bremerich-Vos sich an einer summarischen Bestimmung von guter Qualität von Deutschunterricht versucht:

> Trotz erheblicher Vorbehalte mag man das, was derzeit im Rahmen der Deutschdidaktik erörtert wird, auf Merkmale „guten" Deutschunterrichts hin abklopfen. Dabei wäre etwa folgendes Resultat plausibel: Deutschunterricht ist „gut", wenn er im Bereich „Reflexion über Sprache" sowohl kumulativ im Sinne der Ausdifferenzierung begrifflicher Netze als auch integrativ im Sinne einer immer wieder praktizierten Applikation der einzelnen Begriffe auf neue „Fälle" (z. B. literarische Texte) ist. Und er ist gut, wenn im Lernbereich „Schreiben" auf Prozessorientierung gesetzt wird. Und er ist gut, wenn im Literaturunterricht nicht auf den zunächst verborgenen einen Sinn des Textes, den nur die Lehrperson kennt, gesetzt wird. Und er ist gut, wenn möglichst alle Schülerinnen und Schüler die Möglichkeit erhalten, sich im Rahmen von Vorträgen zu präsentieren, nachdem sie entsprechende Strategien gelernt haben, die auch Aspekte der körperlichen Beredsamkeit einschließen. Und, und …
>
> Bremerich-Vos, Albert (2000): Was ist guter Deutschunterricht? In: Landesinstitut für Schule und Weiterbildung Nordrhein-Westfalen (Hg.): Was ist guter Fachunterricht? Beiträge zur fachwissenschaftlichen Diskussion. Bönen: Verlag für Schule und Weiterbildung, S. 40–64 (hier S. 61). Online verfügbar auf: www.kgs-stuhr.de/texte/g-fachunterricht.pdf (geprüft am 6. 10. 2017)

1.6.2 Merkmale einer guten Vorführstunde

Darüber hinaus gelten jedoch für Vorführstunden auch implizite Kriterien, deren Wirkung in Hinblick auf die Steigerung des Lernertrags vielleicht noch nicht belegt ist, über deren Gültigkeit jedoch unter erfahrenen Beobachterinnen und Beobachtern weitgehend Konsens herrscht.

- Die Stunde ist **rund.**
  Sie folgt einer anfangs entwickelten Frage- und Problemstellung, die allen Schülerinnen und Schülern einleuchtet und für die es am Ende der Stunde eine Lösung gibt. Insofern beginnt eine Stunde mit einem Einstieg und endet mit einer Ergebnissicherung, einem auf diesem aufbauenden Transfer oder einer Vertiefung. Positiv ist immer, wenn allen Beteiligten am Ende der Stunde bewusst ist, dass etwas erreicht wurde und was das ist.

- Die Stunde folgt einer **Frage- oder Problemstellung**, die am Anfang gemeinsam entwickelt wurde.
  Damit Ziele und Struktur der Stunde transparent sind und alle wissen, woran sie warum arbeiten (sollen), sollte am Ende des Einstiegs die zentrale Frage oder das zentrale Problem der Stunde hergeleitet sein. Diese/s wird klar benannt und die notwendigen Arbeitsschritte werden bestimmt.
- Alle **Schülerinnen und Schüler werden aktiviert.**
  Aufgaben, Arbeits- und Sozialformen sind so zu wählen, dass die Lernenden den Arbeitsschritten folgen können und alle aktiv am Lernprozess beteiligt werden bzw. individuelle Lernprozesse initiiert werden.
- Es stellt sich ein **sichtbarer Lernerfolg** bei möglichst allen Schülerinnen und Schülern ein.
  Auch wenn es nicht immer einfach zu beobachten ist, sollte doch darauf geachtet werden, dass wirklich alle im Unterricht etwas lernen. Beobachtbar wird dies entweder an umfassender mündlicher Beteiligung oder an schriftlichen Ergebnissen möglichst vieler.
- **Die Lehrkraft verhält sich sehr zurückhaltend.**
  Von der Lehrkraft wird in der Vorführstunde ein schwieriger Spagat verlangt: Einerseits soll sie die Zügel fest im Griff haben, andererseits so zurückhaltend wie möglich agieren. Wenn Sie sehr unsicher sind, werden Sie Ihre ersten eigenen Unterrichtsversuche tendenziell überlenken, das heißt zu stark in den Ablauf eingreifen, zu enge Fragen und Arbeitsaufträge stellen. Das Ziel ist, den Schülerinnen und Schülern möglichst viel Freiraum für die Gestaltung des Lernprozesses zu geben und dennoch die Regie des Unterrichts zu führen.

1.7 Didaktische und methodische Konjunktive

Die Erfahrung zeigt, dass in der Unterrichtsplanung oftmals didaktische und methodische Konjunktive gebraucht werden: „Man könnte hier ebenso eine szenische Interpretation machen“, „Man könnte hier auch die Figuren untersuchen“, „Man könnte das auch in Gruppenarbeit durchführen“. Zwar ist es hilfreich, vorab in Alternativen zu denken, für die Planung bedarf es jedoch begründeter Entscheidungen: „Die szenische Interpretation bietet sich hier besonders an, da ...“, „Die Figuren und deren Verhältnis zueinander stechen in diesem Text besonders hervor, weshalb sie eingehender untersucht werden sollen ...“, „Die Erarbeitung erfolgt in Partnerarbeit, da ...“. Deshalb sind überall dort, wo Sie Entscheidungen treffen müssen (Sachanalyse, didaktische Analyse, methodische Realisierung), Begründungen und Zielperspektiven gefordert.

1.8 Stolpersteine und Gefahren

Schon bei der Planung, vor allem aber im Unterricht selbst, lauern einige Gefahren, denen gerade, aber nicht nur, unerfahrene Lehrkräfte häufiger erliegen:

- **Übergriffigkeit**
  Die Schülerinnen und Schüler sollen mit ihrer Persönlichkeit, mit ihren Interessen, Sorgen, Gefühlen etc. in den Unterricht einbezogen werden. Gerade im Deutschunterricht besteht aber die Gefahr, dass Schülerinnen und Schüler unter Druck gesetzt oder gar gezwungen werden, sich zu offenbaren *(Ist von euch schon mal jemand gemobbt worden? Hat von euch schon mal jemand Erfahrungen mit x gemacht? Wie steht ihr zu y?),* was die Grenze zur Privatsphäre überschreitet. Daher sollten Sie darauf achten, zwar entsprechende Sprechanlässe und -möglichkeiten zu schaffen, in denen die Lernenden sich auch zu heiklen Themen äußern können. Sie sollten aber nicht gezwungen werden, sich zu offenbaren.
- **Falsch verstandener Lebensweltbezug**
  Bei der Auswahl von Texten, Beispielsätzen, Diskussions- und Erörterungsthemen sind Sie stets gefordert, für einen ausreichenden Lebensweltbezug zu sorgen. Themen und Inhalte sollten im Leben der Schülerinnen und Schüler eine Rolle spielen. Das bedeutet aber keinesfalls, dass am Ende immer über den Bezug geredet werden soll/muss und der Unterrichtsgegenstand vernachlässigt wird. Gerade im Umgang mit Literatur besteht die Gefahr, dass diese lediglich als Steinbruch genutzt wird, um in ihr verhandelte Themen zu diskutieren. Statt beispielsweise zu untersuchen, wie Gudrun Pausewang in *Die Wolke* die Möglichkeit einer Atomkatastrophe literarisch gestaltet hat, werden dann die Gefahren der Atomkraft im Allgemeinen oder die Haltungen der Schülerinnen und Schüler zum Ausstieg aus dieser Technologie diskutiert. Eine solche Kommunikation kann sich zwar anschließen oder zum Einstieg einen emotionalen oder lebensweltlich bedeutsamen Zugang ermöglichen, dem eigentlichen Unterrichtsgegenstand sollte aber das Hauptaugenmerk gehören.
- **Fehlende curriculare Abdeckung**
  Eng damit verbunden ist die Gefahr der fehlenden curricularen Abdeckung: Nicht selten werden Ziele formuliert, für die es im Fach Deutsch vom Rahmenplan/Lehrplan keine Grundlage gibt. Bei der Beschäftigung mit *Die Wolke* wäre ein Lernziel „Die Schülerinnen und Schüler kennen die Gefahren der Atomenergie“ möglicherweise naheliegend und ökologisch vielleicht auch sinnvoll, im Fach Deutsch wäre es so aber nicht vorgesehen. Es sei denn, man bewegt sich im Kompetenzbereich *Meinungen*

bilden, Meinungen vertreten, Diskutieren und beschäftigt sich dort mit dem Thema Kernenergie.

- **Zum Nachdenken anregen**
  Schülerinnen und Schüler zum Nachdenken anzuregen, ist zwar tatsächlich ein Kernanliegen von Unterricht überhaupt, reicht aber als Begründung in der konkreten Unterrichtsplanung nicht aus. Wenn es keine präziseren Argumente für die Beschäftigung mit bestimmten Inhalten oder Aufgabenstellungen gibt, ist dies in aller Regel ein Anzeichen dafür, dass das Vorhaben nicht ausreichend durchdacht ist. Für die Planung zentral ist die Frage: Was lernen die Schülerinnen und Schüler? Hierauf muss eine überzeugende Antwort gefunden werden.
- **Fehlende Zusammenhänge**
  Für den Unterricht ist wichtig, dass Phasen, Themen und Aufgaben funktional aufeinander aufbauen bzw. dynamisch ineinandergreifen. Ein Schlüsselwort ist hier die **Passung**: Passt das, was im zweiten Schritt getan wird, zum ersten? Passt die Methode zum Inhalt? Passt die Aufgabe zum Texte? Passt die Erarbeitung zum Einstieg? Passt das Lernziel zur Aufgabe? Etc.
- **Zu starke Methodenfokussierung**
  Oft ist zu beobachten, dass Studierende sowie Referendarinnen und Referendare sehr viel Energie darauf setzen, eine ganz ausgefeilte und ungewöhnliche Methode zu finden, um die herum dann ihre Unterrichtsstunde geplant wird. Methoden sind zwar wichtig, aber dennoch lediglich Werkzeuge zur Vermittlung von Inhalten, Erkenntnissen, Fähigkeiten und Fertigkeiten. Daher ist es wichtig, primär vom Gegenstand und dem gewünschten Lernerfolg aus zu denken. Entscheidend bei allem unterrichtlichen Handeln ist die Frage „Was (genau) lernen die Schülerinnen und Schüler dabei?“ bzw. deren Beantwortung.

1.9 Lehrertätigkeiten

Auch Ihr eigenes Verhalten in der Besuchsstunde gilt es zu planen. Manchmal wird im Rahmen des geplanten Unterrichtsverlaufs (siehe Kapitel 2.7) sogar von Ihnen verlangt, das „geplante Lehrerverhalten“ im Vorfeld darzustellen. *Was tue ich/was sage ich an welcher Stelle? Wie verhalte ich mich für den Fall, dass …? Wie moderiere ich das Gespräch x?* So gut Sie aber vorbereitet sind, alles lässt sich im Vorfeld nicht bedenken, und alles lässt sich auch nicht kontrollieren. Gleichwohl sollten Sie im Vorfeld gerade knifflige Situationen durchspielen. Solche Fragen könnten beispielsweise sein:

- Wie gehe ich behutsam vor, wenn die Lernenden im Unterrichtsgespräch nicht darauf kommen, worauf ich hinauswill?
- Wann beende ich das Gespräch, obwohl sich noch weitere Schülerinnen und Schüler zu Wort melden?
- Wie gehe ich mit Störungen um?
- Was tue ich, wenn die zentrale Erkenntnis des Stundenlernziels schon früh genannt wird?
- Was tue ich, wenn die Lernenden zu ganz anderen Ergebnissen kommen, als ich geplant hatte?

Ein wichtiger Aspekt ist dazu noch das Formulieren von Fragen und Lernaufgaben. In aller Regel sind das in einer Unterrichtsstunde weniger, als man meinen könnte. Es ist hilfreich, sich alle zentralen Arbeitsaufträge und Fragen vorher aufzuschreiben. Komplexere sollte man ohnehin den Schülerinnen und Schülern in schriftlicher Form zur Verfügung stellen (Tafel, Arbeitsblatt), aber auch bei einfacheren bietet es sich an, diese ggf. abzulesen. Denn gerade an mündlich vorgetragenen Anweisungen scheitern oftmals die folgenden Arbeitsphasen: „Wir wollen jetzt mal an einem Beispiel schauen, ob man ein Komma setzen muss oder nicht. Schaut euch den Satz bitte mal an. Vielleicht guckt ihr euch erst mal die Wortarten an. Was meint ihr? Muss ein Komma stehen? Also muss man eigentlich ein Komma setzen? Und wisst ihr die Regel dazu? Guckt mal erst in Ruhe.“ Kaum ein/e Schüler/in weiß jetzt wirklich, was zu tun ist: Komma, Ja oder Nein? Soll es gesetzt werden? Wie lautet die Regel?

Neben diesen konkreten Planungsfragen sollten Sie aber generell reflektieren, wie Sie sich als Lehrkraft verhalten: Kommunizieren Sie in alle Richtungen? Sind Sie freundlich und den Lernenden zugewandt? Sind Sie verbindlich? Sind Sie fair? Bewegen Sie sich im ganzen Raum? Schreiben Sie leserlich? Etc.

1.10 Fachleiterinnen und Fachleiter

Fachleiterinnen und Fachleiter, Mentorinnen und Mentoren, Gutachterinnen und Gutachter sind alle Menschen mit meist reichhaltiger Erfahrung im Unterrichten sowie in der Beurteilung von Unterrichtsstunden. Das bedeutet auch, dass sie im Laufe der Zeit eigene Vorstellungen und Vorlieben entwickelt haben, wie eine gute Unterrichtsstunde zu verlaufen hat. Hinzu kommt, dass es meist nicht nur Deutschlehrkräfte sind, die Ihren Unterricht begutachten. Insofern werden sie vermutlich weniger auf die fachlichen Aspekte als vielmehr die allgemeine Unterrichtsgestaltung und das Lehrerverhalten achten. Für Sie bedeutet dies, dass Sie sich darauf einstellen müssen, welche Kriterien an Ihren Unterricht von den Menschen gestellt werden, die Sie am Ende bewerten. Im Großen und Ganzen wird es da keine bedeutenden Unterschiede geben, im Kleinen aber schon: Der eine wird vielleicht das Wiederholen von Schülerantworten beklagen („Lehrerecho"), die andere wird Sie dazu auffordern („Die Aussage hätten Sie noch mal betonen müssen"); eine präferiert den Begriff „Sinnabschnitt", ein anderer tadelt Sie dafür; und wiederum einer fordert Sie auf, immer auch soziale Lernziele zu formulieren, während ein anderer das für nicht beobachtbar und somit für überflüssig hält. Diese unterschiedlichen Vorgaben mögen zwar verwirrend und damit auch nervig sein, man kann sich aber darauf einstellen und muss ggf. Widersprüche in Frage stellen.

Insofern spiegeln die Ausführungen in diesem Buch meine Vorstellungen und Erfahrungen wider, wobei ich mich bemüht habe, mir bekannte Aspekte, zu denen es oft unterschiedliche Auffassungen gibt, offen zu formulieren und alle Varianten zu berücksichtigen.

1.11 Vier Beispiele

Zur leichteren Orientierung werden im Verlauf dieses Buches – neben anderen – immer wieder die folgenden vier Beispiele aufgegriffen, sodass man sie aufeinander beziehen kann und sich nicht ständig neu eindenken muss. Sie entstammen dabei aus allen vier Lernbereichen des Deutschunterrichts.

Beispiel 1: Brudermord im Altwasser

Das erste Beispiel setzt nicht am Unterrichtsgegenstand, sondern am Unterrichtsinhalt an. Das ist bei der Planung von Literaturunterricht nicht selten, da hier – vorgegeben durch zentrale Prüfungen, Konferenzbeschlüsse oder auch eine betreuende Lehrkraft – oft konkrete Texte behandelt werden müssen, bei denen dann zu entscheiden ist, welche Aspekte man an ihnen untersuchen möchte. Hier muss also durch die Sachanalyse und die didaktische Analyse erst noch ein Unterrichtsgegenstand gefunden werden: Welche/r Aspekt/e des Textes soll/en erschlossen werden?

Georg Britting: Brudermord im Altwasser

Das sind grünschwarze Tümpel, von Weiden überhangen, von Wasserjungfern übersurrt, das heißt: wie Tümpel und kleine Weiher, und auch große Weiher ist es anzusehen, und es ist doch nur Donauwasser, durch Steindämme abgesondert vorn großen, grünen Strom, Altwasser, wie man es nennt. Fische gibt es im Altwasser, viele; Fischkönig ist der Bürstling, ein Raubtier mit zackiger, kratzender Rückenflosse, mit bösen Augen, einem gefräßigen Maul, grünschwarz schillernd wie das Wasser, darin er jagt. Und wie heiß es hier im Sommer ist! Die Weiden schlucken den Wind, der draußen über dem Strom immer geht. Und aus dem Schlamm steigt ein Geruch wie Fäulnis und Kot und Tod. Kein besserer Ort ist zu finden für Knabenspiele als dieses gründämmernde Gebiet. Und hier geschah, was ich jetzt erzähle.

Die drei Hofberger Buben, elfjährig, zwölfjährig, dreizehnjährig, waren damals im August jeden Tag auf den heißen Steindämmen, hockten unter den Weiden, waren Indianer im Dickicht und Wurzelgeflecht, pflückten Brombeeren, die schwarzfeucht, stachlig geschützt glänzten, schlichen durch das Schilf, das in hohen Stangen wuchs, schnitten sich Weidenruten, rauften, schlugen auch wohl einmal den Jüngsten, den Elfjährigen, eine tiefe Schramme, daß sein Gesicht rot beschmiert war wie eine Menschenfressermaske, brachen wie Hirsche und schreiend durch Buschwerk und Graben zur breitfließenden Donau vor, wuschen den blutigen Kopf, und die Haare deckten die Wunde dann, und waren gleich wieder versöhnt. Die Eltern durften natürlich nichts erfahren von solchen Streichen, und sie lachten alle drei und vereinbarten wie immer: »Zu Hause sagen wir aber nichts davon!«

Die Altwässer ziehen sich stundenweit der Donau entlang. Bei einem Streifzug einmal waren die drei tief in die grüne Wildnis vorgedrungen, tiefer als je zuvor, bis zu einem Weiher, größer, als sie je einen gesehen hatten, schwarz der Wasserspiegel, und am Ufer lag ein Fischerboot angekettet. Den Pfahl, an dem die Kette hing, rissen sie aus dem schlammigen Boden, warfen Kette und Pfahl ins Boot, stiegen ein, ein Ruder lag auch dabei, und ruderten in die Mitte des Weihers hinaus. Nun waren sie Seeräuber und träumten und brüteten wilde Pläne. Die Sonne schien auf ihre bloßen Köpfe, das Boot lag unbeweglich, unbeweglich stand das Schilf am jenseitigen Ufer, Staunzen fuhren leise summend durch die dicke Luft, kleine Blutsauger, aber die abgehärteten Knaben spürten die Stiche nicht mehr.

Der Dreizehnjährige begann das Boot leicht zu schaukeln. Gleich wiegten sich die beiden anderen mit, auf und nieder, Wasserringe liefen über den Weiher, Wellen schlugen platschend ans Ufer, die Binsen schwankten und wackelten. Die Knaben schaukelten heftiger, daß der Bootsrand bis zum Wasserspiegel sich neigte und das aufgeregte Wasser ins Boot hineinschwappte. Der kleinste, der Elfjährige, hatte einen Fuß auf den Bootsrand gesetzt und tat jauchzend seine Schaukelarbeit. Da gab der Älteste dem Zwölfjährigen ein Zeichen, den Kleinen zu schrecken, und plötzlich warfen sie sich beide auf die Bootsseite, wo der Kleine stand, und das Boot neigte sich tief, und dann lag der Jüngste im Wasser und schrie, und ging unter und schlug von unten gegen das Boot, und schrie nicht mehr und pochte nicht mehr und kam auch nicht mehr unter dem Boot hervor, unter dem Boot nicht mehr hervor, nie mehr.

> Die beiden Brüder saßen stumm und käsegelb auf den Ruderbänken in der prallen Sonne, ein Fisch schnappte und sprang über das Wasser heraus. Die Wasserringe hatten sich verlaufen, die Binsen standen wieder unbeweglich, die Staunzen summten bös und stachen, Die Brüder ruderten das Boot wieder ans Ufer, trieben den Pfahl mit der Kette wieder in den Uferschlamm, stiegen aus, trabten auf dem langen Steindamm dahin, trabten stadtwärts, wagten nicht, sich anzusehen, liefen hintereinander, achteten der Weiden nicht, die ihnen ins Gesicht schlugen, nicht der Brombeersträucherstacheln, die an ihnen rissen, stolperten über Wurzelschlangen, liefen, liefen und liefen.
> Die Altwässer blieben zurück, die grüne Donau kam, breit und behäbig, rauschte der Stadt zu, die ersten Häuser sahen sie, sie sahen den Dom, sie sahen das Dach des Vaterhauses. Sie hielten, schweißüberronnen, zitterten verstört, die Knaben, die Mörder, und dann sagte der Ältere wie immer nach einem Streich: »Zu Hause sagen wir aber nichts davon!« Der andere nickte, von wilder Hoffnung überwuchert, und sie gingen, entschlossen, ewig zu schweigen, auf die Haustüre zu, die sie wie ein schwarzes Loch verschluckte.

Aus: Britting, Georg: Sämtliche Werke: Prosa 1930 bis 1940. Herausgegeben von Wilhelm Haefs. Band 3/2. München/Leipzig: List, Seite 20. Verlag Georg-Britting-Stiftung.

Beispiel 2: Komma bei Infinitivgruppen

Hier ist die Vorgabe recht klar und vom Ziel aus bestimmt: Die Schülerinnen und Schüler sollen am Ende in der Lage sein, den Zeichensetzungsregeln zu Infinitivgruppen gemäß Kommas zu setzen.

Beispiel 3: Diskussion

Der vorgegebene Unterrichtsgegenstand ist eher vage: Die Schülerinnen und Schüler sollen lernen zu diskutieren, Argumentationen zu entwickeln und mit diesen überzeugend zu operieren. Am Ende der Unterrichtseinheit soll als Klassenarbeit ein argumentativer Text verfasst werden.

Beispiel 4: Arbeit am Stil

Auch hier ist die Vorgabe zunächst sehr vage: Mittelfristig soll eine Erlebniserzählung verfasst werden. Dazu soll nun vor allem der Stil verbessert werden.

1.12 Planungsgrößen

Terminologisch sind unterschiedliche Planungsgrößen zu unterscheiden: Die Vorführstunde – ganz gleich, ob 45, 60 oder 90 Minuten – ist dabei als Unterrichtsstunde meist Teil einer auf mehrere Stunden angelegten Unterrichtseinheit (ggf. auch einer Unterrichtssequenz) und teilt sich wiederum in mehrere Unterrichtsphasen auf.

Unterrichtsreihe
Abfolge thematisch oder methodisch verwandter Unterrichtseinheiten (Thema „Ich und die anderen", dazu die Unterrichtseinheiten: „Drama: Der Besuch der alten Dame", „Argumentieren", „Zeichensetzung"). Eine Unterrichtsreihe umfasst meist mehrere Monate.

Unterrichtseinheit
Thematisch/inhaltlich oder methodisch eng zusammenhängende Abfolge von Unterrichtsstunden (z. B. Erschließung einer Ganzschrift, „Großstadtlyrik", Wortarten etc.). Eine Unterrichtseinheit umfasst in etwa 2–5 Wochen.

Unterrichtssequenz
Funktional zusammenhängender Teil einer Unterrichtseinheit („Goethe und der Sturm und Drang" innerhalb einer Einheit zu *Faust,* kann für die Einheit eine ähnliche Funktion haben wie die Phasierung für eine Stunde) Unterrichtssequenzen sind in ihrem Umfang sehr unterschiedlich: Eine einzelne Stunde kann eine abgeschlossene Sequenz bilden, es können aber auch mal zehn Stunden sein.

Unterrichtsstunde
Abfolge von Unterrichtszeit ohne äußere Unterbrechung.
In der Regel handelt es sich hierbei um eine einzelne Schulstunde oder eine Doppelstunde.

Unterrichtsphase
Funktional zusammenhängende Einheit innerhalb einer Unterrichtsstunde (Einstieg, Erarbeitung, Ergebnissicherung)
Die einzelnen Phasen haben eine je eigene didaktische Funktion und in der Regel unterschiedliche methodische Realisierungen.

Abb. 2: Planungsgrößen

1.13 Planungsschritte

Unterrichtsplanung ist ein komplexer Prozess, der mit zahlreichen Fachbegriffen beschrieben wird. Der Einfachheit halber zerlegt man die Planung einer Besuchsstunde daher in einzelne Planungsschritte oder auch Planungsaspekte, die man isolieren und klar benennen kann. Das ist jedoch leichter gesagt als getan, denn in der Realität ist die Planung einer Unterrichtsstun-

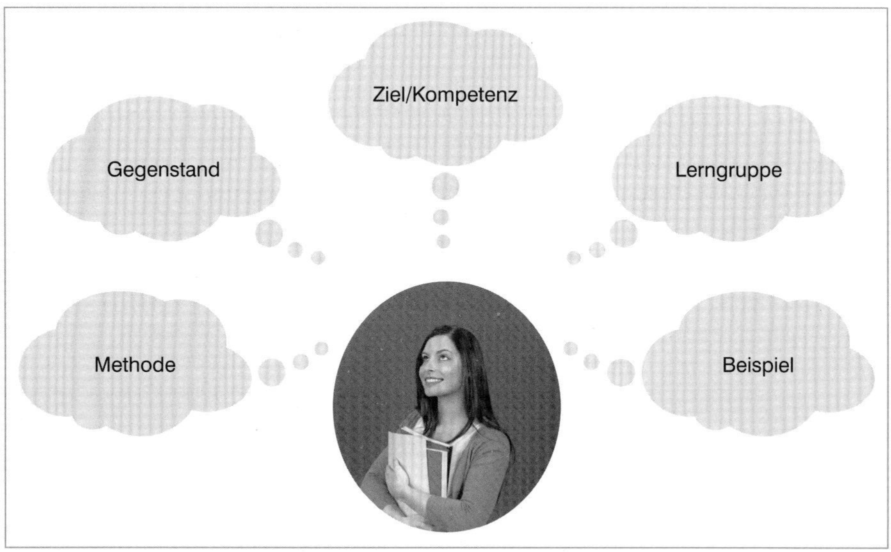

Abb. 3: Realistische Stundenplanung (Foto: © contrastwerkstatt /stock.adobe.com)

de ein rekursiver und zum Teil sogar chaotischer Prozess: Sie haben vielleicht eine gute **Idee** – einen spannenden Text, eine verheißungsvolle Methode oder ein interessantes sprachliches Phänomen –, von der aus Sie Fäden in die anderen Planungsbereiche spinnen. Die Idee wird nun zu einem **Konzept** ausgebaut. Das heißt, dass Sie gedanklich immer wieder von neuem hin- und herspringen bis ihre Überlegungen im besten Fall ein tragfähiges Netz bilden, im schlechtesten Fall jedoch Sammelsurium von Entscheidungen sind, die nicht zusammenpassen.

Idealiter gehen Sie jedoch strukturiert vor und starten Ihre Unterrichtsplanung bei der Analyse der Bedingungen, also vor allem der Lernvoraussetzungen der Schülerinnen und Schüler, und entwickeln von dort aus Ihre Planung. Diese strukturierte Planung bildet sich auch im Langentwurf ab, der in Besuchsstunden in aller Regel von Ihnen gefordert sein wird.

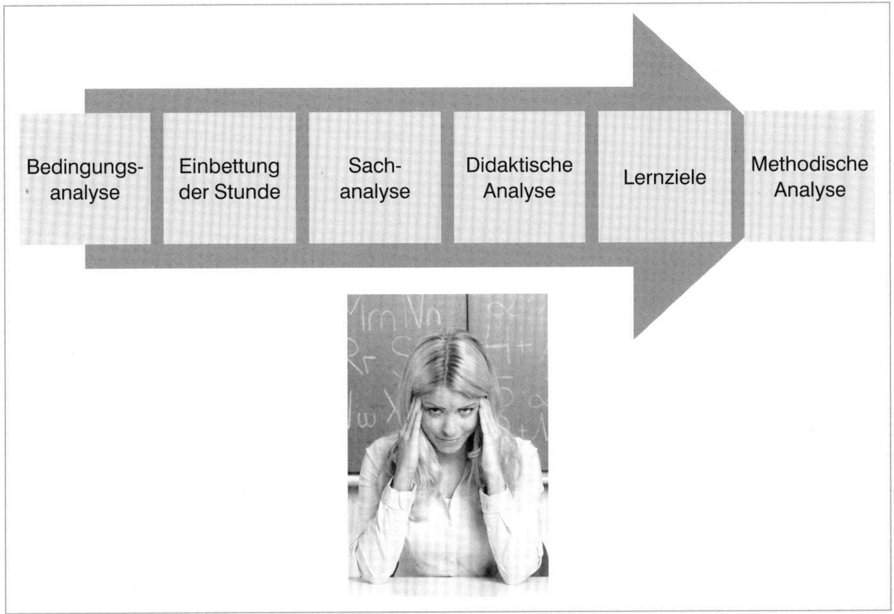

Abb. 4: Erwartete Stundenplanung (Foto: © Picture-Factory/stock.adobe.com)

Diese strukturierte Vorgehensweise hat jedoch an einigen Stellen ebenfalls ihre Schwächen, da sie beispielsweise auch schon bei der Bestimmung der Rahmenbedingungen und Lernvoraussetzungen im Hinterkopf haben müssen, worum es in der Stunde gehen wird, was eigentlich erst das Ergebnis der didaktischen Analyse sein wird. Das heißt, dass die verlangte Reihenfolge (gedanklich) gar nicht einzuhalten ist. Sie entsteht erst bei der Verschriftlichung und stellt lediglich eine künstliche Zerlegung von Aspekten dar, die eigentlich ineinandergreifen.

Hilfreich für eine Planung, die der schriftlichen Darlegung in Form des Langentwurfs vorausgeht und die beide Varianten kombiniert, mag die in Abb. 5 (siehe Seite 25) dargestellte Schrittung sein, die zunächst von der Frage ausgeht, was die Schülerinnen und Schüler denn lernen sollen (I): Im Zentrum stehen daher der Unterrichtsgegenstand sowie die Lernziele. Konkret ergeben sich letztere aus der didaktischen Analyse, sodass hier ein ständiges und bedeutendes Wechselverhältnis besteht (I/V). Realiter kann die Stundenplanung in jedem beliebigen Feld ihren Ursprung haben. Wichtig ist, dass fortlaufend die übrigen Planungsschritte in Beziehung zueinander gesetzt werden. Der Unterrichtsgegenstand und/oder -inhalt bzw. zu vermittelnde Ziele und Kompetenzen stehen hier deshalb im Zentrum, da diese Zentrierung aufgrund der Vorgaben der häufigste Fall ist. Von dort aus wird nun der Blick auf die wichtigsten Akteure des Unterrichts gerichtet, die Schülerinnen und Schüler (II). Einerseits geht es darum, abstrakt zu klären, was diese für Lernvoraussetzungen haben, dann aber auch konkret in Hinblick auf den möglichen Unterrichtsgegenstand zu fragen, was sie schon wissen und können, in welcher Weise sie über Vorerfahrungen verfügen etc. Diese Informationen wird man im Laufe der didaktischen Analyse erneut prüfen und modifizieren müssen.

Etwas isolierter steht die Sachanalyse (III). Da sie losgelöst von den Lernenden vorgenommen werden soll, nimmt sie ausschließlich Gegenstand und Inhalt in den Blick. Realiter wird man das aber schon aus Platzgründen ebenfalls vor dem Hintergrund der in der didaktischen Analyse getroffenen Entscheidungen tun. Sprich: Wenn ich mich z. B. dafür entschieden habe, bei der Beschäftigung mit einem Gedicht vor allem die Versgestaltung zu behandeln, wird diese auch den größten Teil der Sachanalyse einnehmen und nicht etwa die historische Einbettung des Textes.

Im nächsten Schritt ist dann die didaktische Analyse (IV) zu vollziehen. Realiter schwingt sie bei allen Er- und Abwägungen zur Unterrichtsstunde immer mit und beeinflusst alle Überlegungen. Sie umfasst sowohl Fragen der Auswahl von Unterrichtsgegenständen und -inhalten, die Legitimation derselben, die Gestaltung und Strukturierung des Lehr-Lernprozesses sowie die Bestimmung der Lernziele (V).

Im Rahmen der methodischen Analyse (VI) wird geprüft, welche Arbeits- und Sozialformen, welche Verfahren, Methoden und Arbeitstechniken und welche Medien am besten geeignet sind, um größtmögliche Lernerfolge zu erzielen. Die Bestimmung und Gestaltung der benötigten Medien und Materialien (Tafelbilder, Arbeitsblätter etc.) bildet den letzten Schritt (VII). Wichtig ist abschließend, noch einmal die Passung der einzelnen Planungsschritte untereinander zu überprüfen. Die Pfeile können dabei helfen, besonders wichtige Korrespondenzen und Wechselwirkungen zu beachten.

Das Planungsschema findet sich in zweifacher Form auch im Downloadmaterial: Einerseits originalgetreu als Übersicht, anderseits aber auch mit Feldern, die Sie stichpunktartig ausfüllen können. Auf diese Weise können Sie anschaulich überprüfen, ob die gewählten Planungsentscheidungen tatsächlich zueinander passen, da Sie schnell sehen, ob die genannten Aspekte ihre jeweilige Entsprechung in den anderen korrespondierenden Feldern haben. Dazu ist den eingefügten Pfeilen zu folgen.

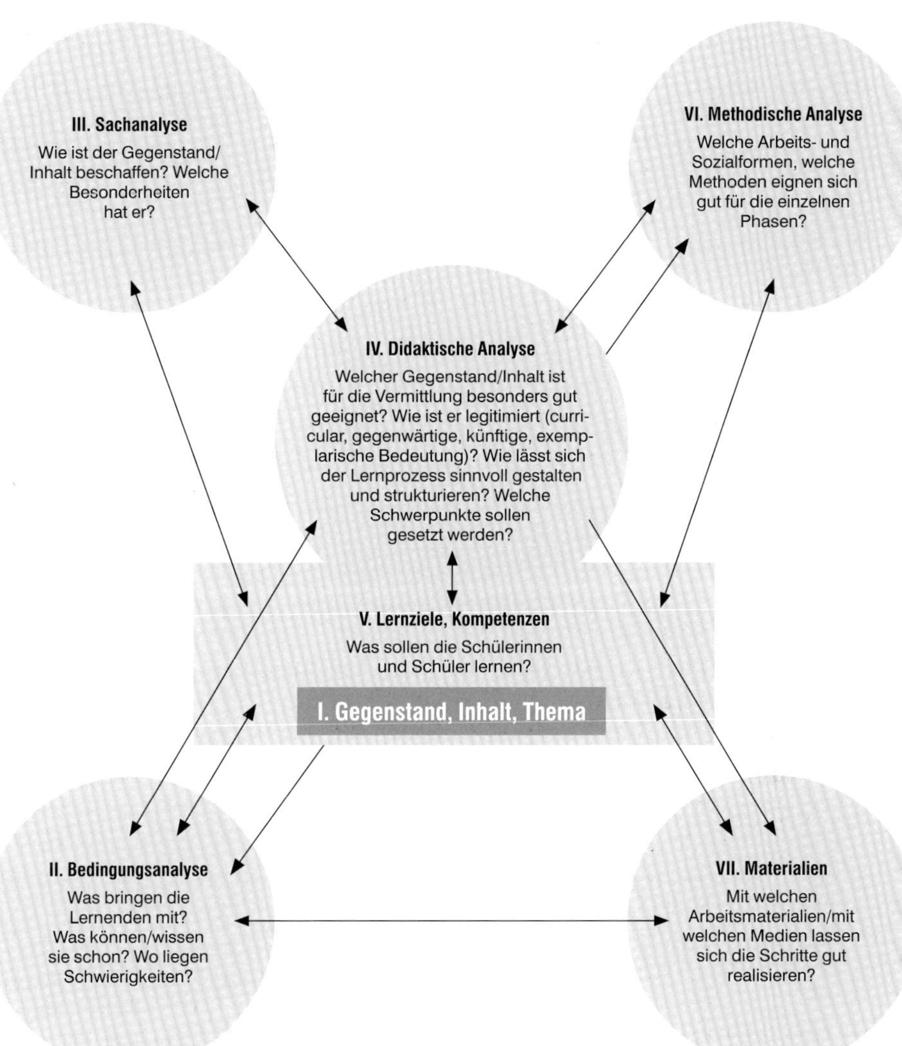

Abb. 5: Schritte der Unterrichtsplanung (diese Grafik findet sich auch im Downloadbereich)

1.14 Der Langentwurf

Im **Langentwurf** – oder auch **ausführlichen Stundenentwurf** – wird die Unterrichtsplanung verschriftlicht und nach einem festen Schema dargelegt. Er ist ein künstliches Textformat, das lediglich in der Ausbildung und später für dienstliche Beurteilungen Verwendung findet. Selbst wenn es oft Klagen gibt, dass dieses spezifische Format extra zu erlernen ist, obwohl es später kaum noch Verwendung findet, erfüllt es doch eine entscheidende Funktion in der Entwicklung von Unterrichtsplanungskompetenz. Denn als Autor/in ist man beim Verfassen gezwungen, Planungsentscheidungen zu begründen und sie aufeinander zu beziehen. Gerade der Zusammenhang der einzelnen Abschnitte offenbart, ob die Planung vernetzt erfolgt ist und damit auf plausiblen Entscheidungen basiert.

Der Aufbau ist dabei zwar nicht genormt, jedoch herrscht weitgehend Einigkeit darüber, welche Abschnitte enthalten und auch in welcher Reihenfolge diese angelegt sein sollten. Dennoch werden Sie sich beim Abfassen an den jeweils geltenden Vorgaben orientieren müssen, die vor allem in folgenden Aspekten variieren: Umfang des Langentwurfs, Formulierung von Lern- und Kompetenzzielen, Trennung/Verknüpfung von didaktischer Analyse und methodischer Ausgestaltung sowie den Angaben im Artikulationsschema.

Im Langentwurf ist auch zu demonstrieren, dass die Stundenplanung wissenschaftlichen Kriterien standhält bzw. dem aktuellen Stand der Forschung und Theoriebildung entspricht. Deswegen sind die Ausführungen nach Möglichkeit in allen Teilen mit entsprechenden **Literaturverweisen** zu stützen. Dies betrifft insbesondere die Sachanalyse, die didaktische Analyse sowie die methodische Analyse.

Ab Seite 65 findet sich ein beispielhafter Stundenentwurf einer Prüfungsstunde, der in besonderer Weise gelungen ist. Im Downloadbereich ist dieser Entwurf darüber hinaus in kommentierter Form enthalten.

2 Entlang des schriftlichen Stundenentwurfes

Dass im Folgenden die Planung einer Unterrichtsstunde am Stundenentwurf entlang dargestellt wird, hat zwei Gründe: Zum einen lässt sich so zugleich verdeutlichen, wie ein Stundenentwurf aufgebaut ist und was beim Abfassen zu beachten ist, zum anderen bekommt auch die Planung selbst dadurch eine Struktur, die in dieser Form im Planungsprozess gewöhnlicherweise nicht gegeben ist.

Die Reihenfolge ergibt planerisch aber durchaus Sinn: Nach allgemeinen Angaben, die der Übersicht für den Leser/die Leserin dienen, folgt zunächst die Analyse der Lernvoraussetzungen und des Lerngegenstandes, die dann jeweils in Beziehung zu Didaktik und Methodik gesetzt werden, woraus sich – im besten Fall – ein stimmiger und effektiver Unterrichtsverlauf ableiten lässt.

2.1 Der Mantel

Der **Mantel** oder auch das **Deckblatt** (vgl. Seite 65) enthält zentrale Angaben über Schule, Lerngruppe, Anlass des Unterrichtsbesuchs sowie zur Stunde selbst und oft bereits zu deren Stellung der Stunde im Rahmen der Unterrichtseinheit (vgl. Kapitel 2.3). In der Regel erhalten Sie entsprechende Vorlagen beispielsweise vom Studienseminar.

2.2 Die Bedingungsanalyse

Im Rahmen der **Bedingungsanalyse** (oft auch **Angaben zur Lerngruppe** oder **Situationsanalyse**) werden die **für den Unterricht relevanten Besonderheiten der Lerngruppe** dargestellt. Dazu können aber auch Einflussfaktoren wie die räumliche Unterbringung, die materiellen Voraussetzungen, die Lage der Unterrichtsstunde im Stundenplan oder der Einfluss wichtiger Ereignisse zählen. Für den Unterricht relevant sind die Informationen dann, wenn sie planerische Entscheidungen vor allem im Bereich des Didaktischen und Methodischen zur Folge haben. In Hinblick auf **einzelne Schülerinnen und Schüler** wie auf möglicherweise **heterogene Voraussetzungen** der gesamten Lerngruppe können v. a. folgende Aspekte von Bedeutung sein:

- Vorkenntnisse (in Hinblick auf inhaltliche Aspekte und die methodische Realisierung)
- Kompetenzentwicklung
- Leistungsfähigkeit
- Leistungsbereitschaft
- Motivation
- Arbeits- und Sozialverhalten
- sozialer Hintergrund
- sprachlicher Hintergrund
- kultureller/religiöser Hintergrund
- Interessen
- geschlechtsspezifische Unterschiede oder Besonderheiten
- besonderer Förderbedarf
- Krankheit
- temporäre oder stabile Einflussfaktoren (Trauer, Verliebtsein, Schüchternheit etc.)

In Hinblick auf die **räumlichen Gegebenheiten** könnte von Bedeutung sein:
- mediale Ausstattung (z.B. Beamer, Whiteboard, Pinnwände, Smartboard, Sound etc.)
- Raumangebot (z. B. Alternativen, evtl. Nutzung mehrerer Räume oder Bereiche)
- Möblierungsspielraum (z.B. Möglichkeit zum Stellen von Gruppentischen, zum Schaffen für Freiräume etwa zur szenischen Interpretation)
- Akustik (z.B. Lärm, Nebengeräusche, Raumklang)
- Störfaktoren (z. B. schlauchförmiger, enger Raum, keine Verdunklungsmöglichkeit etc.)

Die am häufigsten gemachten Fehler in der Bedingungsanalyse bestehen darin, dass lediglich deskriptive und/oder wenig relevante Informationen über die Lerngruppe zusammengetragen werden, die später keine weitere Berücksichtigung finden.

Die Bedingungsanalyse korrespondiert stark mit der didaktischen und methodischen Analyse. Das heißt, dass Angaben, die hier gemacht werden, einer Art von Antwort in der Didaktik und Methodik bedürfen (zuweilen auch in den Lernzielen, wenn hier differenziert werden muss).

Beispiele für evtl. relevante Informationen in der Bedingungsanalyse

Methoden

- Die Schülerinnen und Schüler sind mit der Methode der szenischen Interpretation vertraut und wenden diese auch gern an.
- Die Lernenden sind in der eigenständigen Gestaltung von Gruppenarbeit geübt, einige von ihnen bringen sich jedoch nicht genügend ein (insb. Cédric, Max, Lena und Can).
- Zwar wurde die Notwendigkeit des Überarbeitens von Texten schon öfter thematisiert und auch geübt, mit der Textlupe wurde bisher jedoch noch nicht gearbeitet.
- Großen Spaß hatte die Lerngruppe in der Vergangenheit daran, Figuren in erzählenden Texten zu modifizieren.

Gegenstände/Inhalte

- Grammatischen Fragestellungen steht die Klasse eher ablehnend gegenüber. Es hat sich jedoch gezeigt, dass die Bereitschaft, sich mit solchen zu beschäftigen, steigt, wenn die Schülerinnen und Schüler eigene Beispiele entwickeln dürfen.
- Die Schülerinnen und Schüler interessieren sich augenblicklich sehr stark für die stattfindende Fußball-WM.
- Ein dauerhaftes Gesprächsthema unter vielen Schülerinnen und Schüler ist zurzeit das Dschungel-Camp.
- Die Mädchen in der Klasse sind vor allem an realistischer und problemorientierter Literatur interessiert, wohingegen die Jungen Fantasy und Abenteuerliteratur bevorzugen. Etwa ein Drittel der Klasse liest jedoch nur im schulischen Kontext und auch nur widerwillig.
- Die Lerngruppe hat im vergangenen Jahr bereits ein Drama der Aufklärung behandelt.

Arbeits- und Sozialverhalten

- Michael und Özlem haben oft Schwierigkeiten, dem Unterricht zu folgen und brauchen daher immer wieder Unterstützung.
- Marita hat in der vergangenen Woche ihren Vater verloren und ist deshalb zurzeit sehr still und in sich gekehrt.
- Die Lerngruppe wird schnell unruhig, wofür meistens die Jungen die Verantwortung tragen.
- Florian ist Autist und bedarf klarer inhaltlicher und organisatorischer Vorgaben. In der Zusammenarbeit mit seinen Mitschülerinnen und Mitschülern tut er sich oft schwer.
- Amir und Fatima sind erst seit wenigen Wochen in der Klasse. Sie haben noch sprachliche Schwierigkeiten, und insbesondere Amir ist sozial noch nicht hinreichend integriert.

2.3 Die Stellung der Stunde im Rahmen der Unterrichtseinheit

Für außenstehende Beobachter/innen muss deutlich werden, wie die Stunde eingebettet ist und welche Funktion sie im Rahmen der Unterrichtseinheit erfüllen soll: Was ist vorher gemacht worden? Was schließt an die Stunde noch an?
Die einzelne Stunde verhält sich zur Unterrichtseinheit dabei in etwa wie die Phase zur Unterrichtsstunde. Ihr kommt eine spezifische **Funktion** zu: Steht sie eher am Beginn einer Unterrichtseinheit, wird sie sehr wahrscheinlich zum Thema hinführen, Interesse wecken, Vorwissen aktivieren etc. In der Mitte der Einheit wird vor allem – in Anknüpfung an bisherige Ergebnisse – Neues erarbeitet, werden Fähigkeiten angewendet und vertieft. Zum Ende hin wird vor allem transferiert, in größere Kontexte gestellt und beurteilt. Meist werden abschließend auch die Lernergebnisse überprüft.

Beispiele für die Bestimmung der Stellung der Stunde im Rahmen der Unterrichtseinheit

- Die vorausgegangene Stunde endete mit einer Problematisierung des Verhaltens der Brüder. Dieses soll durch textnahes Lesen in der Stunde vertieft werden, bevor in der folgenden Stunde eine Gesamtinterpretation des Textes vorgenommen werden kann.
- Die Stunde ist die erste einer auf acht Stunden angelegten Unterrichtseinheit, in welcher die Schülerinnen und Schüler mit unterschiedlichen Formen mündlichen und schriftlichen Argumentierens vertraut werden sollen. Sie dient daher der Einstimmung sowie der Entwicklung möglicher Fragestellungen.
- Die Schülerinnen und Schüler hatten als Hausaufgabe, Beispiele für Sätze mit Infinitivgruppen zu finden, bei denen durch die Zeichensetzung Sinnverschiebungen vorgenommen werden können. Mit diesen Beispielen wird in der Besuchsstunde die mögliche Relevanz von Zeichensetzung erschlossen. Damit ist die Behandlung beendet, sodass sich in der folgenden Stunde eine Leistungsüberprüfung zur Zeichensetzung anschließt.
- **Thema der Unterrichtseinheit**: Abenteuer Schreiben – Schreibabenteuer
  Thema der Unterrichtsstunde: Spannung aufbauen nur durch Worte

2.4 Die Sachanalyse

Die Sachanalyse ist eine **vorpädagogisch verstandene sachliche Durchdringung eines möglichen Unterrichtsgegenstandes.** Das heißt, dass Sie sich zunächst, noch bevor Sie an eine unterrichtliche Verwertung denken, Gewissheit über den möglichen Unterrichtsgegenstand verschaffen: **Wie ist der**

Unterrichtsgegenstand beschaffen? Wie ist der aktuelle (wissenschaftliche) Erkenntnisstand? Gibt es unterschiedliche (wissenschaftliche) Auffassungen dazu? Welche Bedeutung hat der Gegenstand? Welche Begriffe sind in der Kommunikation zum Gegenstand gängig und korrekt? In Hinblick auf Literatur kann aber auch etwas unspezifischer gefragt werden: Was macht den Text besonders?

Der Grundgedanke hinter der Sachanalyse ist, dass man selbst erst mal einen Sachverhalt verstanden und das dafür nötige Kontextwissen erworben haben muss, bevor man ihn unterrichten kann. In manchen Fällen ist das einfacher, wo zum Beispiel nur Wissen zu vermitteln ist, das unwidersprochen feststeht (Zeichensetzungsregel: „Das Komma grenzt Nebensätze vom übergeordneten Satz ab"). Zuweilen ist das aber auch schwierig, da man unterschiedlichen (wissenschaftlichen) Auffassungen gerecht werden muss, zu denen es keinen Konsens gibt (Literaturdeutung: Ob Kafka in *Die Verwandlung* primär den Konflikt mit seinem Vater verarbeitet, die Entfremdung in der Arbeitswelt oder aber eigene Ängste thematisiert, wird man nie in letzter Gewissheit als gesetzt deklarieren können).

Die Sachanalyse korreliert stark mit den (v. a. kognitiven) **Lernzielen.** Was hier steht, spiegelt in besonderem Maße wider, was die Schülerinnen und Schüler am Ende lernen sollen. Insofern sollte beim Abfassen des Langentwurfs immer wieder verglichen werden, ob die Übereinstimmung in beiden Abschnitten groß ist und ob die Darlegungen auch widerspruchsfrei sind. Darüber hinaus lässt sich durch diesen Abgleich gut überprüfen, was wirklich in die Sachanalyse gehört und was nicht. Eine Schwierigkeit besteht hier vor allem im Unterschied von Unterrichts**gegenstand**, Unterrichts**inhalt** und Unterrichts**medium**: Wenn es Ziel der Stunde ist, die Argumentationsfähigkeit zu steigern, indem das Für und Wider der Atomenergie diskutiert wird, dann gehören in die Sachanalyse Kriterien guten Argumentierens, nicht aber eine Erörterung über Kernkraft. Ist das Ziel indes, dass die Schülerinnen und Schüler einen begründeten Standpunkt zur Atomenergie einnehmen können, werden hierfür auch in der Sachanalyse zentrale Argumente aufgeführt sein müssen. Sollen indes im Rahmen eines literarischen Gesprächs Deutungsmöglichkeiten für *Brudermord im Altwasser* entwickelt werden, erfordert dies die Darstellung von Varianten für diese, nicht aber von Funktionsweisen des literarischen Gesprächs. Wird dieses zum Unterrichtsgegenstand, weil die Lernenden das Verfahren lernen sollen, sieht es wieder anders aus. Dann wird man auch dieses selbst darstellen müssen. Soll das Verhalten der Brüder genauer untersucht werden, bedarf es keiner formalen Analyse der Textsorte; soll letztere bestimmt werden, ist keine umständliche Zusammenfassung des Inhalts nötig, solange dieser nicht selbst ein Merkmal ist.

Für die Sachanalyse lässt sich also fragen – selbst wenn sie idealiter ja vor der didaktischen Analyse erfolgen soll –, was denn im Unterricht tatsächlich gelernt werden soll (Lerngegenstand). Und genau das wird dann sachlich erschlossen. Dabei **geht** die Sachanalyse jedoch **meist über die Lernziele hinaus**, da es angebracht sein kann (das wird im Rahmen der didaktischen Analyse geklärt und dann als **didaktische Reduktion** bezeichnet), die Komplexität des Gegenstandes zu reduzieren.

B

Beispiele für einzelne Aspekte innerhalb einer Sachanalyse

- Auffällig ist das Verhalten der beiden älteren Brüder: Sie unternehmen weder Versuche, den jüngsten zu retten, noch sind sie geschockt von dessen Tod. Insofern trifft der zentrale Begriff der Überschrift, Brudermord, den Sachverhalt recht genau, der jedoch erzählerisch eher wie ein Lausbubenstreich dargestellt ist. Die Dramatik der Tat und des Ertrinkens ist ebenso ausgespart wie eine emotionale Reaktion der Täter. Das einzige, woran die beiden zu denken scheinen, ist der mögliche Ärger, den sie aufgrund ihrer Tat erhalten könnten. Die Übereinkunft „Zu Hause sagen wir aber nichts davon“ wirkt hier geradezu grotesk, als würde das Fehlen des kleinen Bruders dann nicht bemerkt.
- Die Vorgaben für die Zeichensetzung sind im amtlichen Regelwerk festgehalten. Die Normierungen zum Komma bei Infinitivgruppen finden sich in § 75. Danach wird eine Infinitivgruppe zwingend mit einem Komma abgetrennt, wenn sie „mit *um, ohne, anstatt, außer, als* eingeleitet ist“, wenn sie von einem Substantiv oder wenn sie von einem Korrelat oder Verweiswort abhängt. Liegt bloß ein einfacher Infinitiv vor, kann das Komma in den letzten beiden Fällen „weggelassen werden, sofern keine Missverständnisse entstehen“. Es dürfen aber bei Infinitivgruppen immer Kommas gesetzt werden, um die Gliederung des Satzes zu verdeutlichen oder um Missverständnisse auszuschließen.
- In der Rhetorik hat sich die Fünf-Satz-Methode als wirkungsvolles Instrument durchgesetzt, um stringent und überzeugend den eigenen Standpunkt darzustellen. Die Realisierung wird in drei bzw. fünf Schritten vollzogen: In einem Einleitungssatz wird die Intention benannt, in den folgenden drei Sätzen wird begründet, erläutert und veranschaulicht, bevor schließlich im fünften Satz eine Schlussfolgerung gezogen wird, die eine konkrete Handlungsaufforderung enthalten kann.
- Die Qualität einer Erlebniserzählung steigt durch die Verwendung einer lebendigen Sprache. Dazu gehören u. a. ausdrucksstarke Verben, die Verwendung wörtlicher Rede, Adjektive oder Variationen im Satzbau. Wichtig ist zudem die Erzeugung von Spannung.

Ergänzend müssten im Langentwurf noch die jeweilig genutzten Quellen genannt werden, worauf aus Gründen der Übersichtlichkeit hier verzichtet wurde.

2.5 Die didaktische Analyse

Die didaktische Analyse ist das Herzstück der Unterrichtsplanung. Sie umfasst nicht nur die **Auswahl möglicher Unterrichtsgegenstände und -inhalte** (dazu Themen, Texte) sowie die **Legitimation** derselben, sondern auch die **Anlage und Strukturierung des Lehr-Lernprozesses** (Phasierung, nötige Lernschleifen, Übungsphasen etc.). Im Rahmen Ihrer Darlegungen sollten Sie nach Möglichkeit auch **Planungsalternativen** und verworfene Überlegungen miteinbeziehen und begründen, warum Sie sich für oder gegen etwas entschieden haben. So kann der Leser/die Leserin die Komplexität Ihrer Gedanken besser nachvollziehen und erkennen, welche Gesichtspunkte für Sie bei der Planung maßgeblich waren („Zwar wäre es auch möglich, Themen für die Argumentation vorzugeben, ich verspreche mir jedoch eine größere Motivation, wenn die Schülerinnen und Schüler diese selbst entwickeln dürfen. Für den Fall, dass einzelnen Lernenden nichts einfällt, werde ich eine kleine Auswahl bereit haben.“).

Da gerade in der didaktischen und methodischen Realisierung **Entscheidungen** von Ihnen zu fällen sind, ist es wichtig, diese gut zu **begründen**.

2.5.1 Auswahl von Unterrichtsgegenstand und Unterrichtsinhalt

Die **Auswahl** von Unterrichtsgegenstand und/oder Unterrichtsinhalt ist – zumindest in Besuchsstunden – oft wenigstens grob vorgegeben: Ein konkreter Text, ein literarischer Aspekt, ein Kompetenzfeld, ein Sprachphänomen, eine Schreibsorte etc. Je nachdem, ob es sich bei der Vorgabe um den Unterrichtsgegenstand oder den Unterrichtsinhalt handelt, muss im Rahmen der didaktischen Analyse das jeweils andere gefunden werden. Ist beispielsweise ein konkreter literarischer Text (Unterrichtsinhalt) vorgegeben, muss analysiert werden, was man daran (besonders gut) lernen kann. Ist ein Unterrichtsgegenstand gesetzt, wird man überlegen müssen, an was für einem Inhalt sich jener (besonders gut) erschließen lässt.

Erklärungen für die Auswahl von Unterrichtsgegenstand und Unterrichtsinhalt

- Der Text *Brudermord im Altwasser* ist vorgegeben. Es ist also nun zu klären, welche Aspekte des Textes zum Unterrichtsgegenstand gemacht werden. In Frage kämen z. B. Textsorte (schwierig zu bestimmen, Problematisierung der Textsorte Kurzgeschichte gut möglich), Verhältnis Raumbeschreibung – Innenleben der Figuren, Verhältnis der Figuren zueinander, äußere Handlung vs. innere Handlung etc. Was zum Unterrichtsgegenstand erhoben wird, ist abhängig von a) den Besonderheiten des Textes, b) den Voraussetzungen der Schülerinnen und Schüler und c) den curricularen Vorgaben.

- Die Infinitivgruppe ist vorgegeben, der Unterrichtsgegenstand also recht klar umrissen. Hier fehlen nun die Inhalte: Anhand welcher Beispiele und Übungen sollen die Schülerinnen und Schüler das Phänomen erkennen und die entsprechenden Regeln erlernen?
- Argumentation und Diskussion sind als Vorgaben eher vage. Es gilt demnach, den Unterrichtsgegenstand zu schärfen und zugleich passende Inhalte zu finden. Für die Argumentation braucht es ein möglichst kontroverses Thema, welches die Lernenden auch interessiert. Zugleich bedarf es einer klaren Perspektive für die Unterrichtsstunde, wie die Diskussionskompetenz tatsächlich gesteigert werden kann. Da bisher z. B. bei den Schülerinnen und Schülern noch wenig Struktur in ihren Äußerungen beobachtet werden konnte, wäre die Fünf-Satz-Methode ein geeigneter Unterrichtsgegenstand. In Bezug auf die Inhalte wäre nun abzuwägen, ob man diese von den Lernenden selbst bestimmen lässt, eine Auswahl vorgibt oder sie gänzlich festlegt. Dies ist im Rahmen der didaktischen Analyse primär anhand der Lernvoraussetzungen, aber auch in Hinblick auf die Zielperspektive zu erörtern und zu entscheiden.
- Erlebniserzählung als Zielperspektive der ganzen Unterrichtseinheit sowie Arbeit am Stil sind ebenfalls nicht sehr präzise. Es werden wohl einzelne Aspekte des Stils (z. B. lebhaftes Erzählen, Satzvariation, wirkungsvoller Einsatz von Adjektiven und Adverbien) herausgegriffen und zum Unterrichtsgegenstand gemacht werden müssen. Zu klären wäre weiterhin, ob eher an fremden oder eigenen Texten, ob eher rezeptiv oder produktiv gearbeitet werden soll. Bei einer Entscheidung für Schülertexte, zumal solchen, die erst in der Stunde verfasst werden sollen, wird der Inhalt im Rahmen der didaktischen Analyse demnach eher abstrakt bleiben: „anhand von den Schülerinnen und Schülern selbst formulierten Texten".

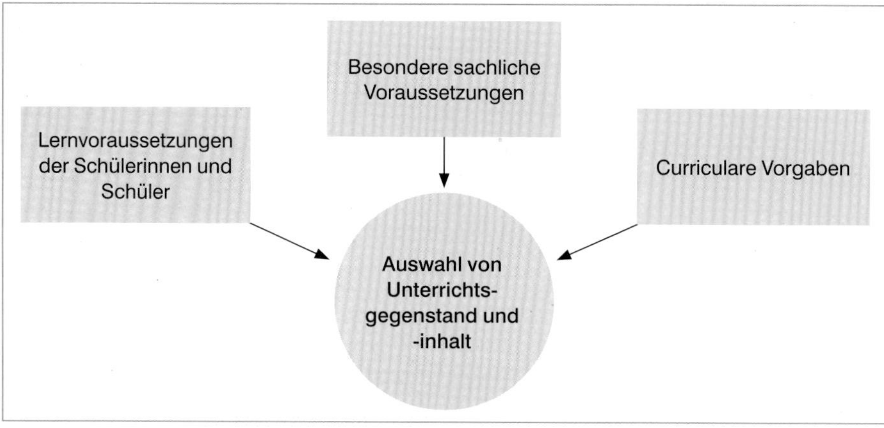

Abb. 6: Kriterien zur Auswahl von Unterrichtsgegenstand und Unterrichtsinhalt

Die Auswahl von Gegenständen und Inhalten wird im Entwurf im Rahmen der Legitimation (siehe Kapitel 2.5.2) begründet. Diese bildet meist die ersten Zeilen der didaktischen Analyse.

Wenn im Folgenden für die Darstellung drei Teilkapitel gebildet werden und für die Lernzielbestimmung (die meist ebenfalls als Teil der didaktischen Analyse angesehen wird) sogar ein ganz eigenes Kapitel, so verfolge ich damit lediglich das Ziel, einerseits die Reihenfolge im Stundenentwurf zu verdeutlichen und die einzelnen Aspekte so genau wie möglich darzustellen. Realiter werden diese Aspekte gemeinsam und in ihren Wechselbeziehungen durchdacht, idealiter aber in dieser Reihenfolge niedergeschrieben.

2.5.2 Legitimation

Unterrichtsgegenstände und -inhalte bedürfen in der Unterrichtsplanung zunächst einer Legitimation für ihre Relevanz und Brauchbarkeit. Diese wird in aller Regel auf zwei Ebenen dargelegt: **Formal** erfolgt zunächst eine Anbindung an die jeweiligen curricularen Vorgaben, also die geltenden Rahmenpläne, Kernlehrpläne, Lehrpläne des jeweiligen Bundeslandes. **Inhaltlich** und **bezogen auf die Schülerinnen und Schüler** wird darüber hinaus nach der **Bedeutung** gefragt, die der Gegenstand im Leben von diesen hat oder haben sollte, und zwar in der **Gegenwart** und in der **Zukunft,** und inwiefern diese als **exemplarisch** zu begreifen ist.

Beispiele für einzelne Aspekte zur Legitimation eines Unterrichtsgegenstandes/-inhalts

- Die Behandlung von kurzen Erzähltexten ist im Rahmenplan für die 8. Jahrgangsstufe vorgesehen. *Brudermord im Altwasser* vermengt geschickt und noch immer die Lebenswelt der Schülerinnen und Schüler mit einem unfassbaren Verbrechen und vermag gerade aufgrund der nüchternen Schilderung der Ereignisse die Lernenden für sich einzunehmen.
- Grundregeln der Zeichensetzung sind gemäß nationaler Bildungsstandards sowie des Lehrplans x zu beherrschen. Die Kommasetzung ist dabei nicht bloß eine beliebige formale Vorgabe, die den Schreibenden gängelt, vielmehr hilft sie Urheber und Adressat in der Kommunikation, indem sie den Satz gliedert.
- Das Vertreten des eigenen Standpunktes – egal, ob mündlich oder schriftlich – ist von erheblicher Bedeutung sowohl in der Gegenwart der Schülerinnen und Schüler (Familien- und Freundeskreis) als auch in deren Zukunft, um aktiv am demokratischen Gemeinwesen partizipieren und eigene Interessen vertreten zu können. Als Kompetenz ist sie von exemplarischer Bedeutung für das menschliche Zusammenleben schlechthin und nimmt daher einen wichtigen Stellenwert in der Sozialisation ein.

- Lebendige Narration fasziniert Menschen in vielen Kontexten – sei es in Form von Reportagen, Reality TV-Formaten, Fußballkommentierungen oder Erlebnisschilderungen. Dabei lässt sich besondere Aufmerksamkeit durch z. B. sprachliche Variation, durch Spannungsaufbau, durch Verwendung passenden Vokabulars erreichen. Exemplarisch am Beispiel des Verfassens von Erlebniserzählungen können die Schülerinnen und Schüler so erlernen, welche Wirkungen sich gezielt durch sprachliche Gestaltung erreichen lassen.

2.5.3 Entwicklung des Lehr-Lernprozesses

Der Kern der didaktischen Analyse und damit Kern der gesamten Unterrichtsplanung ist die Entwicklung des Lehr-Lernprozesses: **Womit können die Schülerinnen und Schüler auf welche Weise und in welcher Reihenfolge am besten/am effektivsten/am schnellsten/am nachhaltigsten lernen?** Auch wenn methodische Aspekte hier idealiter noch keine Rolle spielen, schwingen sie in den Überlegungen doch realiter schon ganz wesentlich mit.

Wichtige Fragestellungen oder Aspekte können dabei sein:

- Legt der Unterrichtsgegenstand eine **Struktur** für seine Erschließung nahe?
  Es mag banal klingen, aber um einen literarischen Text zu untersuchen, sollte man ihn zunächst gelesen oder gehört haben. Schwieriger wird es schon bei der Zeichensetzungsregel: Hier wird gemeinhin ein induktives Vorgehen präferiert, bei dem die Regel aus einem oder mehreren Beispielen abgeleitet wird. Bei der Arbeit am Stil lässt sich schon nicht mehr (und losgelöst von einer konkreten Lerngruppe) eindeutig bestimmen, ob es sinnvoll wäre, zunächst an fremden Texten oder an solchen der Schülerinnen und Schüler zu arbeiten. Dass jedoch die eigenständige Produktion von großer Bedeutung ist, dürfte widerspruchsfrei sein.
  Wichtig ist, dass der Unterrichtsverlauf progressiv angelegt ist, das heißt, dass ein sukzessiver Lernzuwachs angestrebt wird, bei dem die Erkenntnisse aufeinander aufbauen. Den Schülerinnen und Schülern soll bewusst sein, dass sie Fortschritte machen, was bedeutet, dass sie die inneren Zusammenhänge der Lernschritte erkennen (können) müssen.
- **Antizipation möglicher Schwierigkeiten**
  Sowohl in Hinblick auf den Lerngegenstand, den Lerninhalt aber auch die Lernvoraussetzungen sollten mögliche Schwierigkeiten antizipiert und Wege aufgezeigt werden, wie man diesen begegnen kann oder wird. Bei den Infinitivgruppen wäre zum Beispiel zu klären, ob davon auszugehen

ist, dass die Lernenden die nötigen grammatischen Vorkenntnisse haben, um die entsprechende Regel zu erlernen und wie vorzugehen ist, wenn das nur bei einigen nicht der Fall ist.

- **Alternativplanung**
  Dementsprechend kommt der Alternativplanung eine große Bedeutung zu: **Wie gehe ich als Lehrkraft vor, wenn nicht das eintritt, was ich ursprünglich geplant hatte?** – Nicht auf alles kann man wirklich vorbereitet sein, aber man sollte alle Planungsentscheidungen darauf überprüfen, was wahrscheinlich und hoffentlich passieren wird, was aber auch im ungünstigen Fall oder gar schlimmstenfalls passieren kann. Hierfür sollte man schon im Rahmen der didaktischen Analyse und dann in der Verlaufsplanung alternative Vorgehensweisen aufzeigen
- **Differenzierung**
  Möglichen oder nötigen Differenzierungsmaßnahmen kommt eine zunehmend größere Bedeutung zu. Bereits in der Bedingungsanalyse wird sich abzeichnen, ob die **Heterogenität** (Leistungsfähigkeit, Motivation, Interessen etc.) so groß ist, dass didaktisch, methodisch, sozial oder arbeitsorganisatorisch differenziert werden muss. Im Rahmen der didaktischen Analyse, welche die Erschließung des Gegenstandes vor dem Hintergrund der in Beziehung zueinander gesetzten Informationen aus Sach- und Bedingungsanalyse ermöglichen soll, ist genau diese Notwendigkeit zu erörtern. Daraus leitet sich evtl. auch ab, ob es auch einer Differenzierung von Lernzielen (vgl. Kapitel 2.6.2) bedarf.
- **Auswahl der Unterrichtsgegenstände/Didaktische Reduktion**
  Neben der Auswahl des Unterrichtsgegenstandes sowie der zentralen Inhalte kann es notwendig sein, in Hinblick auf die Leistungsfähigkeit oder den Entwicklungsstand der Schülerinnen und Schüler Komplexität zu reduzieren. Man spricht hier auch – nicht ganz unumstritten – von der **didaktischen Reduktion**. So kann es beispielsweise sinnvoll sein, den Schülerinnen und Schülern zu vermitteln, dass man Infinitivgruppen generell durch Kommas abtrennen sollte, da man auf diese Weise zumindest insofern auf der sicheren Seite ist, als dass man keine Fehler macht. Gleichwohl wäre es nicht zulässig, dies als feste Regel aufzustellen, da es sachlich falsch wäre. Die didaktische Reduktion soll folgenden drei Prinzipien folgen: Vermittelte Inhalte sollen fachlich richtig sein, sie sollen fachlich ausbaufähig sein (wenn in den folgenden Jahren die Komplexität gesteigert wird, sollen Erkenntnisse nicht widerrufen werden müssen), und sie sollen angemessen sein, das heißt, dem Entwicklungs- und Fähigkeitsstand der Schülerinnen und Schüler entsprechen.

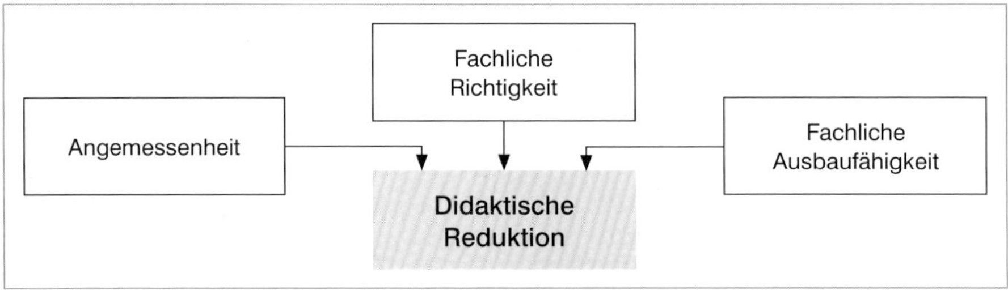

Abb. 7: Prinzipien der didaktischen Reduktion (aus: von Brand [5]2016, S. 205)

- **Operationen**: Arbeitsaufträge, Aufgaben, Fragen, Impulse
  Schließlich wird zu entwickeln sein, mit welchen Operationen die Schülerinnen und Schüler zu den gewünschten Zielen geführt werden können, und wie diese durch Arbeitsaufträge, Aufgaben, Fragen oder Impulse initiiert werden können. Für die Planung ist es hilfreich, sich tatsächlich alle Aufgaben schriftlich vorzuformulieren. Zuweilen wird das für den Stundenentwurf im Rahmen des geplanten Unterrichtsverlaufs (siehe Kapitel 2.7) sogar explizit verlangt.
- **Didaktischer Lösungsweg**
  Am Schluss der Entwicklung des Lehr-Lern-Prozesses der im Rahmen des schriftlichen Unterrichtsentwurfes abwägenden und begründenden Charakter hat, steht, gewissermaßen als Ableitung, die Bestimmung eines didaktischen Lösungsweges, also die Festsetzung der einzelnen Schritte bzw. der Phasierung.

2.5.4 Phasierung

Die **Phasierung** oder auch **Schrittung** der Unterrichtsstunde zeigt den Verlauf der Unterrichtsstunde an. Gewöhnlich verläuft sie nach dem Muster: Einstieg – Erarbeitung – Ergebnissicherung (– Vertiefung/Transfer). Zuweilen finden sich mehrere abwechselnde kürzere Phasen von Erarbeitung und Ergebnissicherung. Das Grundmuster bleibt dabei jedoch bestehen:

E	Einstieg	Begrüßung, Stundeneröffnung, Zielbestimmung, Einstimmung, Arbeitsplanung, Konzentration etc.
E	Erarbeitung	Erarbeitung, Übung, Vertiefung, Transfer, Anwendung, Problematisierung, Verallgemeinerung etc.
E	Ergebnissicherung	Zusammenfassung, Präsentation, Würdigung, Vergleich, Dokumentation, Plateaubildung etc.

Tab. 1: Grundmuster einer Unterrichtsstunde (aus: von Brand [5]2016, S. 111)

Am Anfang einer Unterrichtsstunde steht immer ein **Stundeneinstieg** und am Ende sollte eine Form der **Ergebnissicherung** oder der **Vertiefung** oder des **Transfers** von Ergebnissen auf neue Zusammenhänge stehen. Den größten Teil der Unterrichtszeit nimmt die **Erarbeitung** von Neuem zwischen diesen Phasen ein.

Auch wenn die Bestimmung der Lernziele im schriftlichen Entwurf meist nach dem Stundenverlauf angesetzt ist, bietet es sich an, für die Phasierung von den Lernzielen her zu denken: **Was sollen die Schülerinnen und Schüler am Ende der Stunde (mehr) wissen oder (besser) können als zuvor?** In welcher Schrittung lässt sich dieses Ziel am besten erreichen? (Hier sind darüber hinaus solche Fragen zu beantworten wie: Brauche ich Lernschleifen? Wie viel Zeit muss für die Übung zur Verfügung gestellt werden? Brauche ich die Sicherung von Zwischenergebnissen, um sicherzustellen, dass alle Lernenden folgen können?) Die einzelnen Phasen sollten dabei einer klaren Dramaturgie folgen und aufeinander abgestimmt sein. Da vor allem in den Phasen der **Erarbeitung** der eigentliche Lernzuwachs erfolgt, ist es sinnvoll, hier anzusetzen und von dort aus den **Einstieg** sowie die **Ergebnissicherung** zu planen. Die folgenden Schritte können dabei nützlich sein:

Schritt 1: Die Erarbeitung bestimmen

E	Einstieg	
E	**Erarbeitung**	*Frage: In welcher Form soll der neue Lerngegenstand erschlossen werden?*
E	Ergebnissicherung	

Tab. 2: Bestimmung der Erarbeitung

In der Erarbeitung (oder mehreren Phasen der Erarbeitung) findet der eigentliche Lernprozess statt. Die zentrale Frage ist also, in welcher Form der neue Lerngegenstand sinnvollerweise erschlossen werden soll. Hier ist es hilfreich, wenn man die Ziele des Unterrichts schon im Groben kennt, um dann bestimmen zu können, wie diese Ziele am schnellsten/am besten/am nachhaltigsten von allen/den meisten erreicht werden können. Realiter fließen hier immer auch schon methodische Überlegungen mit ein, die jedoch idealiter separat betrachtet werden sollen. Grundsätzliche Überlegungen wären beispielsweise, ob ein induktives oder ein deduktives Vorgehen angemessen ist (meistens ersteres), ob die Schülerinnen und Schüler den Gegenstand primär selbst erschließen oder der Lehrkraft dabei folgen, ob man funktional, systematisch oder situativ arbeitet usw. Bei der Frage, wie unterschiedliche Gegenstände im Deutschunterricht erschlossen werden, lassen sich gut Anregungen aus den didaktischen Zeitschriften, aber auch aus der didaktischen Fachliteratur holen.

Beispielhafte Erläuterungen zur Bestimmung von Erarbeitungsphasen

- Die Schülerinnen und Schüler sollen erkennen, dass in der Erzählung Brudermord im Altwasser die Naturschilderung und die Grausamkeit der älteren Brüder in einem engen Zusammenhang stehen.

  Erarbeitungsphase: Die Schülerinnen und Schülern analysieren arbeitsteilig, wie die Natur und wie das Verhalten der zwei/drei Brüder dargestellt werden.

  Eine separate (Zwischen-)Sicherung der Ergebnisse wird hier nicht vorgenommen, da man davon ausgeht, dass die Schülerinnen und Schüler diesen Schritt überspringen können, da er in der abschließenden Ergebnissicherung aufgeht.

- Die Schülerinnen und Schüler sollen am Ende der Stunde in der Lage sein, bei Infinitivgruppen, die von einem Substantiv abhängen, ein Komma zu setzen. Dafür müssen sie in der Lage sein, a) Infinitivgruppen zu identifizieren, b) Substantive zu identifizieren und c) die Abhängigkeit zu erkennen. Darum wird es in der Erarbeitungsphase vielleicht sinnvoll sein, in mehreren Schritten vorzugehen, damit die Voraussetzungen sichergestellt sind. Dann würde man die Erarbeitungsphase vielleicht wie folgt aufgliedern:

  Erarbeitungsphase 1: Identifikation von Infinitivgruppen, die von Substantiven abhängen, Bestimmung der Begriffe
  [Ergebnissicherung 1: Sicherung der Begriffe in Form von Wandplakaten]
  Erarbeitungsphase 2: Erarbeitung der Regel anhand verschiedener (kontrastiver) Bsp.
  [Ergebnissicherung 2: Formulierung der Regel an der Tafel]

Schritt 2: Einstieg bestimmen

E	**Einstieg**	*Frage: Wie lässt sich gezielt und motivierend auf den Gegenstand/die Frage/das Problem, der/die den Unterricht bestimmen soll, hinführen?*
E	Erarbeitung	*Frage: In welcher Form soll der neue Lerninhalt erschlossen werden?*
E	Erarbeitungssicherung	

Tab. 3: Entwicklung des Stundeneinstiegs

Der Einstieg ist von besonderer Bedeutung für die Unterrichtsstunde, denn er dient der Motivierung der Schülerinnen und Schüler, stimmt auf das Thema ein und schafft damit im besten Fall Transparenz für den weiteren Verlauf der Unterrichtsstunde. Idealerweise entwickelt sich aus dem Einstieg heraus eine **Frage- oder Problemstellung**, die der Stunde zugrunde gelegt werden kann. Nach Möglichkeit sollte dieses **Stundenthema** von den Schülerinnen und Schülern selbst entwickelt werden.

Beispiele für Unterrichtseinstiege

- **Filmimpuls**
  Den Schülerinnen und Schülern wird zu Beginn eine filmische Adaption der Erzählung *Brudermord im Altwasser* gezeigt, nachdem sie den Text als Hausaufgabe bereits gelesen hatten. Sie werden aufgefordert, die filmische Umsetzung zu kommentieren. Die Lehrkraft kann mit Fragen nach Naturdarstellung, Stimmung, Figurenzeichnung etc. unterstützen.
  Eine Kurzfilmadaption durch eine Schulklasse findet sich auf YouTube: www.youtube.com/watch?v=MNgerzBqlwg (geprüft am 20. 09. 2017)
- **Stummer Impuls**
  An die Tafel wird zu Beginn des Unterrichts folgender Satz geschrieben: Michael versprach Dörte zu heiraten. Die Schülerinnen und Schüler sind aufgefordert, das Beispiel zu kommentieren. Sollte die Doppeldeutigkeit des Satzes nicht erkannt werden, kann die Lehrkraft durch Fragen zum Problem hinführen: Wer heiratet hier wen?
- **Provokation**
  Um die Schülerinnen und Schüler in eine Diskussion zu verwickeln, beginnt die Lehrkraft nach der Begrüßung mit einer Provokation, z. B: *Ich denke, wir sollten nicht nach Italien auf Klassenfahrt fahren, sondern in die Lüneburger Heide. Wenn ich euch so betrachte, sollte man wirklich Schuluniformen einführen. Wir sollten den Umfang der Hausaufgaben deutlich erhöhen.* Das Thema sollte authentisch wirken und die Lernenden unmittelbar betreffen.
- **Erzählender Einstieg**
  Um für die stilistische Gestaltung aufmerksam zu machen, leitet die Lehrkraft damit ein, dass sie im Folgenden zwei kurze Texte vorlesen möchte. Dies geschieht dann weiter unkommentiert mit zwei sehr unterschiedlich gestalteten Erlebniserzählungen. Anschließend werden die Schülerinnen und Schüler aufgefordert, ihre Eindrücke zu benennen, Präferenzen zu nennen und diese zu begründen.
- **Informierender Einstieg**
  Die Lehrkraft informiert über zentrale Ziele der Unterrichtsstunde und erläutert die einzelnen Schritte, die zur Erreichung notwendig sein werden.

- **Planungsgespräch** (ließe sich auch an die zuvor dargestellten Einstiege anknüpfen)
  Die Schülerinnen und Schüler legen gemeinsam das Thema der Stunde fest und überlegen, in welchen Arbeitsschritten und mit welchen Methoden und Materialien dieses am besten zu bearbeiten ist.

Von ganz besonderer Bedeutung innerhalb der Stundenplanung und -durchführung ist die Ausgestaltung der **Gelenkstelle** zwischen **Einstieg** und **Erarbeitungsphase** (vgl. Schritt 5).

Schritt 3: Ergebnissicherung bestimmen

E	Einstieg	*Frage: Wie lässt sich gezielt und motivierend auf den Gegenstand/die Frage/das Problem der/die den Unterricht bestimmen soll, hinführen?*
E	Erarbeitung	*Frage: In welcher Form soll der neue Lerninhalt erschlossen werden?*
E	**Ergebnissicherung**	*Frage: Wie lassen sich die Ergebnisse für alle verständlich und nachhaltig sichern?*

Tab. 4: Bestimmung der Ergebnissicherung

Die Ergebnissicherung erfüllt in einer Besuchsstunde zwei Funktionen: Zum einen solle den Schülerinnen und Schülern bewusst werden, was sie gelernt haben, und die Lernergebnisse sollen konserviert werden. Zum anderen zeigt sich für die Gutachterinnen und Gutachter in dieser Phase ganz besonders markant, ob Ihre Planung aufgegangen ist und die Lernenden die von Ihnen anvisierten Ziele auch erreicht haben. Um beide Funktionen zu erfüllen, ist es daher wichtig, dass man bei möglichst vielen Schülerinnen und Schülern beobachten kann, was sie gelernt haben. Dass beispielsweise eine Schülerin am Ende die zentrale Erkenntnis, auf die Sie die ganze Stunde über hingearbeitet haben, nennt, reicht noch nicht aus, wenn nicht gesichert ist, dass mindestens der überwiegende Teil der Lerngruppe diesen Schritt auch nachvollzieht.

B

Beispiele für die Ergebnissicherung

- **Tafelanschrieb**
  Der Tafelanschrieb ist sicherlich die häufigste Form der Ergebnissicherung. Er sichert, dass alle Schülerinnen und Schüler dieselben Ergebnisse in ihr Heft übertragen können. Beim Sichern von Ergebnissen an der Tafel ist darauf zu achten, dass diese tatsächlich im Unterricht generiert wur den. Nicht selten fassen Lehrkräfte am Ende noch mal an der Tafel zusammen, was sie sich eigentlich vorgenommen hatten. Wichtig ist außerdem

dass die Ergebnisse möglichst in den Worten der Lernenden verfasst sind und nicht spontan umformuliert werden, weil sie nicht hundertprozentig passen. Das sollte man dann mündlich klären.

- **Hefteintrag**
  Der Hefteintrag kann gelenkt (Tafelanschrieb, Diktat) erfolgen, die Schülerinnen und Schüler können aber auch aufgefordert werden, z. B. nach einem offenen Gespräch, selbst die Erkenntnisse aus der Erarbeitung zusammenzufassen (z. B. in einem Portfolio). In letzterem Fall sollte man die Aufzeichnungen aber noch mal gemeinsam reflektieren oder begutachten. Die selbstständige Zusammenfassung von Ergebnissen erfordert aber Übung und anfangs auch Begleitung.
- **Wandplakate**
  Wandplakate eignen sich gut für die Präsentation von Gruppenarbeitsergebnissen oder für den Fall, dass mit den Ergebnissen noch über einen längeren Zeitraum gearbeitet werden soll (z. B. Gesprächsregeln, Epochendarstellungen). Hier wird gleichzeitig die anschauliche Aufbereitung von Inhalten erprobt.
- **Präsentation**
  Die Präsentation ist ähnlich den Wandplakaten gut geeignet, um Ergebnisse aus Gruppenarbeitsphasen oder auch projektähnlichem Unterricht vorzustellen. Dabei kommen mündliche und visuelle Formate zusammen, die nach Möglichkeit der gesamten Klasse zur Verfügung gestellt werden sollten (z. B. in Form eines Handouts).
- **Klassengespräch**
  Das Klassengespräch bildet oftmals den Abschluss einer Unterrichtsstunde, wo dann noch mal Ergebnisse vertieft oder transferiert werden. Sofern es hier wirklich zu neuen Erkenntnissen kommt, sollten diese noch mal schriftlich fixiert werden.

Ergebnisse, die mündlich generiert wurden, sollten in aller Regel verschriftlicht werden, damit die Schülerinnen und Schüler, aber auch deren Eltern, diese später noch nachvollziehen können.

Schritt 4: Möglichkeiten von Vertiefung und Transfer bestimmen

Auch wenn **Vertiefung** und **Transfer** in Tab. 1 unter dem Punkt Erarbeitung in der Mitte der Stunde aufgelistet waren, stehen sie in aller Regel doch meist am Ende der Stunde und bilden oft die **didaktische Reserve**: Wenn noch Zeit bleibt, wird diese Phase noch angeschlossen. Sie erfüllen die Funktion, Erlerntes entweder zu vertiefen, indem die Komplexität gesteigert wird (z. B. aufwändigere Sätze für die Kommasetzung, Diskussion eines schwierigeren Aspekts in einem Text), oder erworbenes Wissen, erworbene Erkenntnisse, Fähigkeiten oder Fertigkeiten werden auf einen neuen Gegenstand übertragen oder beispielsweise in die Lebenswelt der Schülerinnen und Schüler projiziert (Fünfsatz-Methode aus der Argumentation wird übertragen auf z. B. Buchvorstellung, Fußballkommentar, Heiratsantrag).

E	Einstieg	*Frage: Wie lässt sich gezielt und motivierend auf den Gegenstand/die Frage/das Problem der/die den Unterricht bestimmen soll, hinführen?*
E	Erarbeitung	*Frage: In welcher Form soll der neue Lerninhalt erschlossen werden?*
E	Ergebnissicherung	*Frage: Wie lassen sich die Ergebnisse für alle verständlich und nachhaltig sichern?*
V	**Vertiefung** *oder* **Transfer**	*Fragen: Lassen sich die Ergebnisse noch vertiefen? Oder: Ist ein Transfer auf andere Sachverhalte/Phänomene möglich? Lässt sich vielleicht ein Rückbezug auf den Einstieg schaffen?*

Tab. 5: Vertiefung/Transfer anlegen

Schritt 5: Gelenkstellen ausgestalten

Für einen flüssigen und transparenten Stundenaufbau sind die **Gelenkstellen** von ähnlich großer Bedeutung wie die einzelnen Phasen. **Gelenkstellen** oder auch Scharniere bezeichnen die Übergänge von einer Phase in die nächste, die oftmals nicht genügend beachtet werden. Dabei sind die einzelnen **Gelenkstellen** (hier G1, G2, G3) von unterschiedlicher Komplexität: Der Übergang vom Einstieg zur Erarbeitung ist am schwierigsten zu gestalten und dementsprechend fehleranfällig. Denn im besten Falle sollten sich aus dem Einstieg die Frage oder Problemstellung der Stunde sowie die zentralen Arbeitsschritte wie von selbst ergeben. Zugleich soll der Einstieg für das, was kommen wird, motivieren. Und zu guter Letzt soll Transparenz geschaffen werden, sodass alle Beteiligten wissen, welche/s Ziel/e in der Stunde verfolgt wird/werden.

Nicht selten gibt es hier jedoch einen harten Bruch, auf welche die wohl häufigste Lüge von Lehrkräften folgt: „Womit wir uns heute beschäftigen wollen, ist das Folgende …".

E	Einstieg	*Frage: Wie lässt sich gezielt und motivierend auf den Gegenstand/die Frage/das Problem der/die den Unterricht bestimmen soll, hinführen?*
G	**Gelenkstelle 1**	Wie kommt man in quasi organischer Weise vom Einstieg in die Erarbeitungsphase bzw. deren zentraler Aufgabenstellung?
E	Erarbeitung	*Frage: In welcher Form soll der neue Lerninhalt erschlossen werden?*
G	**Gelenkstelle 2**	Wie kommt man in quasi organischer Weise von der Erarbeitungsphase zur Ergebnissicherung?

E	Ergebnissicherung	*Frage: Wie lassen sich die Ergebnisse für alle verständlich und nachhaltig sichern?*
G	**Gelenkstelle 3**	Wie kommt man in quasi organischer Weise von der Ergebnissicherung zur Vertiefung/zum Transfer?
V	Vertiefung *oder* Transfer	*Fragen: Lassen sich die Ergebnisse noch vertiefen? Oder: Ist ein Transfer auf andere Sachverhalte/Phänomene möglich? Lässt sich vielleicht ein Rückbezug auf den Einstieg schaffen?*

Tab. 6: Ausgestaltung von Gelenkstellen

E

Erläuterung: Vom Filmimpuls zur arbeitsteiligen Gruppenarbeit

In der Erarbeitungsphase soll arbeitsteilig die Darstellung der Natur und der Brüder in *Brudermord im Altwasser* untersucht werden. Als Einstieg ist der Filmimpuls vorgesehen. Die Schülerinnen und Schüler haben den Text zuvor gelesen und sollen sich nun zunächst zur Adaption äußern, ohne dass die Lehrkraft groß eingreift.

Als Gelenk zwischen Einstieg und Erarbeitung wird nun benötigt, dass die Schülerinnen und Schüler sich sowohl zur Darstellung der Brüder wie auch der Natur äußern (z. B. „Im Text wirkt die Natur viel düsterer“, „Ich finde, das Böse der Jungen wird gar nicht recht deutlich.“). Sobald die Aspekte, die Gegenstand der Stunde sind, erwähnt wurden, kann die Lehrkraft eingreifen und z. B. kritisch nachfragen („ist das denn im Text tatsächlich so?“), um die Problemstellung zu schärfen und möglichst kontroverse Positionen unter den Schülerinnen und Schülern hervorzurufen. Im Idealfall ließe sich dann sagen: „Das müssen wir uns doch jetzt im Text noch mal genauer ansehen.“ Und die Überleitung zum Arbeitsauftrag wäre organisch aus dem Einstieg erwachsen.

Was aber ist zu tun, wenn kein Schüler, keine Schülerin sich zur Darstellung der Natur oder der Jungen äußert? Für diesen Fall müsste die Lehrkraft behutsam eingreifen und durch Fragen selbst auf die Aspekte aufmerksam machen: „Was sagt ihr denn zur Naturdarstellung?“ Es lässt sich jedoch als relativ sicher einstufen, dass der Einstieg sich so durchführen ließe und auch die Gelenkstelle ohne allzu große Lenkung durch die Lehrkraft funktionieren würde.

Schritt 6: Die Abfolge der Unterrichtsschritte prüfen

Abschließend wird die Abfolge der Unterrichtsschritte nochmals einer sorgfältigen Überprüfung unterzogen:

- Ist die **Abfolge** kohärent?
  Ergeben die einzelnen Unterrichtsschritte in ihrer Abfolge eine stimmige Lernprogression? Ergeben die Schritte, die zu gehen sind, für die Schülerinnen und Schüler einen nachvollziehbaren Lernweg? Hier ist auch auf Transparenz zu achten, die den Lernenden hilft zu verstehen, warum etwas gemacht wird oder werden muss.
- Stimmt die **Dramaturgie**?

Eng damit verbunden ist die Dramaturgie. Auch eine Unterrichtsstunde hat im besten Fall einen Spannungsaufbau, der dem eines klassischen Dramas ähnelt. Wenn nach der Hälfte der Stunde die Frage des Einstiegs beantwortet ist und nun plötzlich etwas ganz anderes gemacht wird, das nicht einmal mit der ersten Erarbeitung verbunden ist, wird dies den natürlichen Fluss der Stunde stören, sodass sie weniger rund ist.

- Sind ausreichend **Wechsel der Arbeits- und Sozialformen** vorgesehen? Unterrichtsstunden sollten gerade in niedrigeren Jahrgangsstufen abwechslungsreich gestaltet sein und spätestens ca. alle 20 Minuten Wechsel der Arbeits- und/oder Sozialformen aufweisen, damit die Konzentration, Aufmerksamkeit und Motivation aufrechterhalten (oder neu geschaffen) werden können. Dabei sollten sich auch Phasen aus Eigenaktivität und sozialer Interaktion abwechseln.
- Ist die Phasierung an die **Lernvoraussetzungen der Schülerinnen und Schüler** angepasst?
  Das betrifft weniger die Anforderungen innerhalb der einzelnen Schritte als vielmehr die Gesamtanlage: Steht ausreichend Zeit für die Bewältigung der Aufgaben zur Verfügung? Sind die Lernschritte den Möglichkeiten und Fähigkeiten der Schülerinnen und Schüler entsprechend? Sind ausreichend Übungen, Lernschleifen, Pausen u. Ä. angesetzt?

Das Grundmuster einer Unterrichtsstunde kann selbstverständlich vielfältig variiert werden. Dazu einige Beispiele (die Größen der Kästen deuten den ungefähren zeitlichen Umfang an):

Modell 1: Etwas neu erlernen, sichern und anwenden

	Einstieg	Die Stunde wird eröffnet.
	Erarbeitung	Wissen/Kenntnisse/Fertigkeiten/Regeln werden erarbeitet.
	Plateaubildung	Die Zwischenergebnisse werden so zusammengefasst, dass alle Schülerinnen und Schüler mit diesen weiterarbeiten können.
	Anwendung	Das Erlernte wird geübt und angewendet.
	Ergebnissicherung	Die Anwendung wird auf ihren Erfolg hin überprüft, Ergebnisse werden festgehalten.

Modell 2: Erarbeitetes anwenden

	Einstieg	Die Stunde wird eröffnet.
	Erarbeitung	Daten werden gesammelt.
	Anwendung	Mit den Daten wird gearbeitet.
	Ergebnissicherung	Die Ergebnisse werden festgehalten.

Modell 3: Das Stunden-Projekt

	Einstieg	Die Stunde wird eröffnet.
	Erarbeitung	Die Schülerinnen und Schüler erarbeiten in Partner- oder Gruppenarbeit vorgegebene Aufgabenstellungen.
	Ergebnissicherung	Die Ergebnisse werden in der gesamten Lerngruppe gesichert (z. B. durch Präsentation).

Modell 4: Die mehrschrittige Erarbeitung

	Einstieg	Die Stunde wird eröffnet.
	Erarbeitung	Die Schülerinnen und Schüler lösen selbstständig eine kleine Aufgabe.
	Plateaubildung	Die Ergebnisse werden kurz zusammengefasst.
	Erarbeitung	Die Schülerinnen und Schüler lösen selbstständig eine kleine Aufgabe.
	Plateaubildung	Die Ergebnisse werden kurz zusammengefasst.
	Anwendung	Das Erlernte kommt zur Anwendung.
	Ergebnissicherung	Die Ergebnisse werden abschließend gesichert.

Modell 5: Offener Unterricht

	Erarbeitung	Die Schülerinnen und Schüler sind mit ihrer Aufgabe vertraut und arbeiten selbstständig an ihrer Lösung (Projektarbeit, Freiarbeit, Wochenplanarbeit etc.). Kurze Phasen zu Beginn oder am Ende der Stunde dienen eventuell der Plateaubildung oder dem allgemeinen Austausch über die individuellen Lernfortschritte.

In: von Brand [5]2016, S. 112–114.

2.6 Bestimmung der Lernziele

Lernziele benennen präzise, was Schülerinnen und Schüler am Ende der Unterrichtsstunde gelernt haben sollen. Sie bezeichnen dabei ein **beobachtbares Verhalten** im Sinne einer **wahrnehmbaren Handlung**. Das können schriftliche Arbeitsergebnisse ebenso sein wie Schüleräußerungen oder Hefteinträge. Sie beschreiben dabei nicht den Verlauf des Unterrichts, sondern dessen **Ergebnisse**. Es werden Aspekte benannt, die die Schüler/innen vorher noch nicht (so gut) konnten, die sie noch nicht oder nicht in diesem Umfang wussten oder die sie noch nicht oder nicht in diesem Ausmaß erkannt oder erfasst hatten. **Lernziele** bezeichnen also einen **Lernzuwachs**. Dabei konkretisieren sie die in den Bildungsstandards und Rahmenplänen/Lehrplänen genannten **Kompetenzziele**.

2.6.1 Formulierung von Lernzielen

Lernziele sind so präzise wie möglich zu bestimmen. Oft wird zu abstrakt formuliert, wenn es beispielsweise allgemein heißt: „kennen die Merkmale von x", „können den Text interpretieren" oder „erkennen den Charakter von y". Daher sollte man sich bei der Formulierung von Lernzielen immer fragen, ob man genauer angeben kann, was zu lernen ist („identifizieren den Text aufgrund des unmittelbaren Einstiegs, des offenen Schlusses, der alltäglichen Situation ... als Kurzgeschichte", „erkennen, dass Gregor Samsa fürsorglich, aber naiv ist"). Lernziele enthalten dabei in aller Regel Angaben über

- den konkreten Unterrichtsgegenstand;
- die Bedingungen, unter denen es erreicht werden soll;
- den Verhaltensaspekt der Schülerinnen und Schüler.

Lernziel mit **Unterrichtsgegenstand:**
Die Schülerinnen und Schüler können die **Entwicklung Haukes vom Deichgrafen zum Nachtgespenst** darstellen.

Lernziel mit **Bedingungen, unter denen es erreicht werden soll:**
Die Schülerinnen und Schüler können die Entwicklung Haukes vom Deichgrafen zum Nachtgespenst **anhand vorgegebener Textstellen** darstellen.

Lernziel mit Bedingungen, unter denen es erreicht werden soll, und **Verhaltensaspekt der Schülerinnen und Schüler** (operationalisiertes Lernziel):
Die Schülerinnen und Schüler können die Entwicklung Haukes vom Deichgrafen zum Nachtgespenst darstellen, **indem sie ein Pfeildiagramm zu vorgegebenen Textstellen entwickeln.**

Für eine Stunde sind ein Stundenlernziel sowie ca. drei bis sieben Teillernziele zu bestimmen. Die Teillernziele folgen meist der Chronologie der Stunde und lassen sich konkreten Unterrichtsphasen zuweisen. Sie spezifizieren das Stundenlernziel, sodass die Summe der Teillernziele das Stundenlernziel ergibt. Dabei sollten die Teillernziele sich in der Regel auf alle Anforderungsbereiche des Deutschunterrichts beziehen (vgl. Tab. 7 und 8). Die in Tab. 7 genannten Operatoren eignen sich dabei nahezu alle auch unmittelbar für die Formulierung von Lernzielen:

Anforderungsbereich I	nennen, beschreiben, darstellen, wiedergeben, zusammenfassen
Anforderungsbereich II	analysieren, untersuchen, begründen, charakterisieren, einordnen, zuordnen, in Beziehung setzen, erläutern, erklären, erschließen, herausarbeiten, vergleichen, gegenüberstellen
Anforderungsbereich III	beurteilen, bewerten, kritisch Stellung nehmen, diskutieren, sich auseinandersetzen mit, prüfen, überprüfen, erörtern, entwerfen, gestalten, entwickeln, interpretieren

Tab. 7: Operatoren für die Anforderungsbereiche des Deutschunterrichts (www.kmk.org/fileadmin/Dateien/pdf/Bildung/Auslandsschulwesen/Kerncurriculum/Operatoren_fuer_das_Fach_Deutsch_Stand_Oktober_2012_ueberarbeitet.pdf, geprüft am 30. 08. 17)

Als Verben zur Lernzielbestimmung sollten darüber hinaus noch **erfassen** und **erkennen** ergänzt werden, da sie in kognitiven Lernprozessen zu den bedeutendsten Zieldimensionen gehören, auch wenn sich der Prozess der Erkenntnis oder diese selbst oft nur schwerlich beobachten lässt.

Zum besseren Verständnis mag folgende illustrierende Aufschlüsselung relevanter verlangter Leistungen innerhalb der Anforderungsbereiche dienen:

Anforderungsbereich I	Anforderungsbereich II	Anforderungsbereich III
Verfügbarkeit der für die Bearbeitung der Aufgaben notwendigen inhaltlichen und methodischen Kenntnisse	Selbstständiges Erfassen, Einordnen, Strukturieren und Verarbeiten der aus der Thematik, dem Material und der Aufgabenstellung erwachsenden Fragen/Probleme und deren entsprechende gedankliche und sprachliche Bearbeitung	Eigenständige Reflexion, Bewertung bzw. Beurteilung einer komplexen Problemstellung/Thematik oder entsprechenden Materials und ggf. die Entwicklung eigener Lösungsansätze
Die Leistungen umfassen im Anforderungsbereich I:	**Die Leistungen umfassen im Anforderungsbereich II:**	**Die Leistungen umfassen im Anforderungsbereich III:**
• die sich aus der Aufgabe, dem Material oder der Problemstellung ergebenden Arbeitsaufträge identifizieren • das der Aufgabenstellung oder dem Material zugrundeliegende Thema erfassen • den Text- bzw. Materialinhalt geordnet wiedergeben • die eigenen Kenntnisse mit dem Thema, dem Hauptgedanken, der Problemstellung verbinden • über die dem Thema, dem Bereich entsprechenden Fachbegriffe verfügen • die der Aufgabe entsprechende(n) Schreibform(en) benutzen • die der Aufgabenstellung entsprechenden geübten Methoden und Arbeitstechniken anwenden • sprachnorm- und anforderungsgerecht formulieren	• einen längeren oder einen komplexen Text bzw. Materialinhalt in eigenständiger Formulierung wiedergeben oder zusammenfassen • die Hauptgedanken eines Textes und seine Argumentation differenziert erfassen • Bezüge in Texten bzw. Materialien erkennen, um Aussagen zu erfassen • poetische/stilistische/rhetorische Mittel in einem Text erkennen, beschreiben und untersuchen • inhaltliche und methodische Kenntnisse auf unbekannte Sachverhalte sinnvoll beziehen • die eigenen Ausführungen gedanklich strukturiert sowie inhaltlich klar und differenziert darstellen • die eigenen Ausführungen sprachlich angemessen und in Wortwahl und Satzbau differenziert darstellen	• komplexe, anspruchsvolle Texte, Problemstellungen, Materialien erfassen und bearbeiten • die Aussagen eines Textes, eine Problemstellung in weitere Zusammenhänge einordnen und entsprechend detailliert untersuchen • begründete Folgerungen aus der Text-, Material- oder Problembearbeitung ziehen und formulieren • Deutungsansätze poetischer/stilistischer/rhetorischer Mittel in einem Text entwickeln • spezielles Fachwissen nutzen • eigene Textproduktion originell und kreativ gestalten • einen eigenen Standpunkt begründet darstellen • dem Thema, der Gestaltung gemäße oder auch kontrastierende Darstellungsformen entwickeln • begründete Vermutungen formulieren • selbstständige Schlussfolgerungen entwickeln • kritische Bewertungen vornehmen • eigenständige Lösungsansätze entwickeln • Alternativen aufzeigen • begründete Urteile formulieren

Anforderungsbereich I	Anforderungsbereich II	Anforderungsbereich III
		• das eigene Vorgehen kritisch untersuchen und beurteilen • eine eigenständige gedankliche und sprachliche Darstellung umsetzen
zusätzliche Anforderungen an die mündliche Darstellung	**zusätzliche Anforderungen an die mündliche Darstellung**	**zusätzliche Anforderungen an die mündliche Darstellung**
• in der Standardsprache sprechen, vortragen beim Sprechen, Vortrag auch Betonung, Lautstärke, Tempo/Pausen, Stimmhebung und -senkung und Medien nutzen	• einzelne Themen jeweils in geeigneten und unterschiedlichen Formen medial aufbereiten • den Vortrag weitgehend frei (vom Stichwortzettel gelöst) gestalten • auf eine differenzierte Wortwahl, insbesondere im Hinblick auf Fremdwörter und Fachbegriffe achten • nonverbale Gestaltungsmittel sachangemessen einsetzen und den Zuhörer damit verstärkt einbeziehen (Körperhaltung, Gestik, Mimik, Blickkontakt)	• auf Verständnisfragen zum Thema sachkompetent antworten • das Gruppengespräch strukturieren (nachfragen, Denkanstöße geben, zielorientiert zusammenfassen) • aufmerksam zuhören und Äußerungen anderer einschätzen, aufgreifen und ggf. anerkennen

Tab. 8: Erläuterung der Anforderungsbereiche des Deutschunterrichts (https://www.kmk.org/fileadmin/Dateien/veroeffentlichungen_beschluesse/2003/2003_12_04-BS-Deutsch-MS.pdf, S. 17–20, geprüft am 30. 08. 17)

Für die Formulierung finden vor allem drei Varianten Verwendung, die hier mit dem Operator „nennen“ veranschaulicht werden:

Variante 1: Nennung des **beobachtbaren Verhaltens**
- Die Schülerinnen und Schüler **nennen** die Sätze, in denen eine Infinitivgruppe Verwendung findet.

Variante 2: Nennung der **zu erreichenden Fähigkeit**
- Die Schülerinnen und Schüler **können** die Sätze **nennen**, in denen eine Infinitivgruppe Verwendung findet.

Variante 3: Nennung der **zu erreichenden Fähigkeit mit Betonung des Absichtscharakters**
- Die Schülerinnen und Schüler **sollen** die Sätze **nennen können**, in denen eine Infinitivgruppe Verwendung findet.

Welche Variante von Ihnen verlangt wird, hängt von den Vorstellungen und Vorlieben Ihrer Gutachterinnen und Gutachter ab. Das Gleiche gilt für die Verwendung bestimmter Operatoren. Für manche ist z. B. „lernen kennen" legitim, für andere nicht. Darauf muss man sich einstellen.

Variante 3 kann aber dabei helfen, dass Lernziele nicht zu reinen Tätigkeitsbeschreibungen verkommen. Oft liest man Formulierungen wie „lesen den Text", „stellen szenisch dar" oder „füllen aus", wo die Frage zu stellen ist, ob es sich hierbei tatsächlich um Lernziele handelt, ob also die Schülerinnen und Schüler dies tatsächlich erst in dieser Stunde lernen.

Bei der **Bestimmung und Formulierung von Lernzielen** können folgende Fragen helfen:

- Welche Lernziele sollten **alle** Schülerinnen und Schüler erreichen?
- Müssen gegebenenfalls Lernziele nach Gruppen oder einzelnen Schülerinnen und Schülern **differenziert** werden? (Schülerorientierung, individuelle Förderung)
- Liegen die Lernziele in **unterschiedlichen Anforderungsbereichen** (I, II, III)?
- Bis zu welchem Punkt sollen die Schülerinnen und Schüler in der Stunde mindestens kommen? (Bestimmung des **Minimalziels, alternativer Stundenausstieg**)
- Welches Ziel können die Schülerinnen und Schüler noch erreichen, falls das Stundenziel /die Teillernziele schneller als erwartet erreicht werden? (Bestimmung eines **Maximalziels, didaktische Reserve**)
- Sind die Lernziele **durch den Lehrplan/Rahmenplan abgedeckt?**

2.6.2 Differenzierung von Lernzielen

In heterogenen Lerngruppen kann es hilfreich oder gar notwendig sein, die Lernziele nach den Möglich- und Fähigkeiten der Schülerinnen und Schüler zu differenzieren. Denkbar wäre auch, dass für einzelne Lernende zusätzliche Ziele benannt werden, die im Bereich der individuellen Förderung liegen. Vielfach wird außerdem verlangt, nach Bereichen der Lernziele zu differenzieren (z. B. kognitiv, methodisch, sozial, Selbstkompetenz).

Ein Beispiel für alle drei Differenzierungsmöglichkeiten gibt die folgende Auflistung:

Beispiel für die Differenzierung von Lernzielen nach Lernzieldimensionen und einzelnen Schülerinnen und Schülern

Stundenziel: Die Schülerinnen und Schüler kennen den Inhalt des Volksmärchens *Frau Holle.*

Feinziele:

kognitive Ziele:

- Die SuS können durch die Zuordnung der Materialien den Inhalt des Märchens nacherzählen.
  - Isabell findet mind. drei falsche Dinge im Bilderrätsel.
  - Max findet mind. vier falsche Dinge im Bilderrätsel.
  - Florian findet mind. sechs falsche Dinge im Bilderrätsel
  - Kevin kann anhand der pantomimischen Darstellung das Märchen „Frau Holle" benennen.
  - Peter findet alle zwölf Wörter in seinem Suchsel und bringt diese in die richtige Reihenfolge.

sozial affektive Ziele:

- Die SuS (insbesondere Peter und Kevin) wenden besprochene Verhaltensregeln in der Stillarbeit an.
- Die SuS erweitern ihre Kooperations- und Interaktionsfähigkeit durch das gemeinsame Lesen in Partnerarbeit.
  - Felix findet durch den Strukturplan an seinem Platz Orientierung in der Stunde und kann sich somit auf den Unterricht konzentrieren/fokussieren.

sprachliche Ziele:

- Die SuS formulieren Verhaltensregeln, indem sie diese visualisieren.
- Die SuS werden angeregt/motiviert, durch die Zuordnung der Materialen in die richtige Reihenfolge, in Kommunikation untereinander zu treten.

An diesem realen Beispiel kann man einerseits sehr gut sehen, wie Lernziele nach Schüler/innen(-Gruppen) differenziert werden können. Zugleich wird aber auch deutlich, dass die Differenzierung nach Dimensionen (kognitiv/sozial affektiv/sprachlich) problematisch ist. Zum einen handelt es sich zum Teil eher um Tätigkeitsbeschreibungen als um Lernziele im eigentlichen Sinn, und zum anderen werden gerade im sozialen (wie auch im häufig verlangten methodischen) Bereich oftmals Lernziele formuliert, die eben gerade nicht in der einen Unterrichtsstunde erreicht werden können. Denn keinesfalls ist gesichert, dass „die Kooperations- und Interaktionsfähigkeit durch das gemeinsame Lesen in Partnerarbeit" gesteigert wird. Weder kann man das wirklich beobachten, noch ist gesichert, dass nicht gerade das Gegenteil eintritt, weil die beiden sich zum Beispiel streiten. Aus diesem Grund halte ich es für sinnvoller, soziale und methodische Zielsetzungen, die ja wichtig sind, in die didaktische Analyse oder die methodische Realisierung zu integrieren, anstatt sie als eigenständiges Lernziel zu benennen. Im Rahmen der methodischen Analyse könnte das dann entsprechend lauten: „Die Erarbeitung durch das gemeinsame Lesen erfolgt in Partnerarbeit, um die Interaktions- und Kooperationsfähigkeit der Schülerinnen und Schüler zu steigern." Anders sieht es indes aus, wenn eine Methode neu erlernt werden soll oder das soziale Interagieren beispielsweise im Rahmen einer Diskussion zum Unterrichtsgegenstand wird. Dann sind entsprechend auch Lernziele zu formulieren („sind mit dem Verfahren des Standbildes vertraut und berücksichtigen Körperhaltung, Mimik, Gestik und Blickrichtung", „lassen sich gegenseitig aussprechen").

2.6.3 Überprüfen formulierter Lernziele

Nachdem Sie Ihre Lernziele formuliert haben, können Sie mithilfe der folgenden Checkliste die Qualität überprüfen:

- **Lässt/Lassen sich durch das Stundenziel eine Kompetenz oder mehrere Kompetenzen entwickeln oder fördern, die vom Curriculum vorgeschrieben ist/sind?**
  Hier ist ein Abgleich mit dem Rahmenplan/Lehrplan nötig. Bei jedem einzelnen (Teil-)Lernziel muss überprüft werden, ob es tatsächlich von den Vorgaben des Faches abgedeckt ist. „Die Schülerinnen und Schüler erkennen mögliche psychische Folgen von Mobbing", wäre daher eher kein geeignetes Lernziel, „Die Schülerinnen und Schüler erkennen, dass die Figur x im Roman y in Folge des Mobbings an Selbstbewusstsein verliert und Essstörungen entwickelt" dagegen schon.
- **Geben alle (Teil-)Lernziele etwas an, das die Schülerinnen und Schüler vorher noch nicht (so gut) konnten?**
  Lernziele sollen einen Lernzuwachs benennen, das heißt, dass die Schülerinnen und Schüler am Ende der Stunde mehr wissen und/oder etwas besser können sollen als vorher. Daher ist die Frage hilfreich: Konnten die das vorher nicht/noch nicht so gut? Wenn Diskussionsphasen angesetzt sind, liest man unter den Lernzielen nicht selten: „Die Schülerinnen können ihre Meinung argumentativ in einer Diskussion vertreten." Hierbei handelt es sich zwar um ein wichtiges Ziel des Deutschunterrichts; dieses wird man so allgemein formuliert jedoch kaum in einer Stunde erreichen. Außerdem wäre hier zu schauen, ob die Diskussion im Unterricht auch zum Unterrichtsgegenstand gemacht wird und nicht bloß Unterrichtsmedium ist.

Denn nur durch die Teilhabe an einer Diskussion wird man seine Fähigkeit, in dieser überzeugend aufzutreten, nicht zwangsläufig steigern. Hierzu bedarf es in der Regel einer fachkundigen Reflexion und Metakognition.

- **Lässt sich das Erreichen jedes (Teil-)Lernziels während oder am Ende des Unterrichts überprüfen oder zumindest abschätzen?**
  Das Erreichen von Lernzielen muss beobachtbar sein. D.h., in irgendeiner Weise muss man sehen oder hören oder wenigstens abschätzen können, dass die Schülerinnen und Schüler den gewünschten Lernzuwachs auch wirklich hatten. Das bedeutet vor allem zweierlei: Erstens reicht es nicht, dass ein/e einzelne/r Schüler/in am Ende der Stunde die gewünschte Erkenntnis formuliert, wenn nicht offensichtlich ist, dass wenigstens die meisten in der Lerngruppe diesen Erkenntnisschritt mitgegangen sind. Und zum anderen sind Lernziele, die sich nicht beobachten lassen, zu vermeiden. „Die Schülerinnen und Schüler sollen Spaß am Lesen haben", ist in diesem Sinne zwar ein elementares Ziel des Literaturunterrichts, wenn man den Spaß jedoch nicht wahrnehmen kann, ist das im Rahmen des Unterrichtsentwurfs auch nicht als Lernziel zu benennen (es spricht aber nichts dagegen, beispielsweise die Auswahl eines Textes damit zu begründen, dass die Lektüre den Lernenden sicherlich großes Vergnügen bereiten werde).
- **Unterscheiden sich die (Teil-)Lernziele in ausreichendem Maße?**
  Es ist keineswegs gewünscht, so viele Teillernziele wie möglich zu haben, deswegen sollte darauf geachtet werden, dass diese sich klar voneinander abgrenzen lassen. So ließen sich beispielsweise „können äußere Merkmale der Figur im Text identifizieren" und „können äußere Merkmale der Figur benennen" in einem Teillernziel zusammenfassen.
- **Sind die Lernziele so genau wie möglich formuliert?**
  Hier ist danach zu fragen, ob man genauer angeben kann, was gelernt werden soll. Lernziele sind dabei immer präziser als Kompetenzziele. Es beginnt also damit, zu fragen, ob der Unterrichtsgegenstand konkret bestimmt ist. „Die Schülerinnen und Schüler können eine literarische Figur charakterisieren" wäre demnach zu abstrakt: *Welche Figur in welchem Text soll charakterisiert werden?* und *Wie ist der Charakter beschaffen?*" wären hier die entscheidenden Fragen. „Die Schülerinnen und Schüler erkennen, dass Gregor Samsa in Kafkas *Die Verwandlung* fürsorglich, gewissenhaft, aber auch naiv ist" hätte die erforderliche Präzision.
- **Sind die Teillernziele über den Verlauf der Unterrichtsstunde verteilt?**
  Es kann hilfreich sein, die Teillernziele gleich den einzelnen Phasen zuzuordnen. Dann erkennt man, ob jene sich einigermaßen gleichmäßig über die Stunde verteilen. Pro Phase sind dann max. zwei Teillernziele zu erreichen. Aber nicht jeder Phase ist auch zwingend ein Teillernziel zu-

geordnet (z. B. im Einstieg, wo meist die Funktion wichtiger ist). Die wesentlichen Lernerfolge werden sich in der Phase der Erarbeitung und der Ergebnissicherung einstellen.

- **Ergibt die Summe der Teillernziele das Stundenlernziel?**
  Da die Teillernziele die Aufspaltung des Stundenziels darstellen, welches sich durch die sukzessive Erreichung der Teillernziele einstellt, ergibt deren Summe wiederum das Stundenlernziel. Das heißt, dass man die Überprüfung wie eine mathematische Gleichung angehen kann: Ergibt die Summe der Teillernziele tatsächlich das Stundenlernziel? Wenn im Stundenlernziel beispielsweise die Beurteilung eines Sachverhalts anvisiert ist, kann in den Teillernzielen nicht ausschließlich der Operator *Wissen* Verwendung finden. Und wenn das Stundenlernziel die sachgemäße Verwendung des Kommas bei Infinitivgruppen ist, hat in den Teillernzielen die Fähigkeit, den eigenen Standpunkt zu vertreten, nichts verloren.
  Vielleicht hilft zum besseren Verständnis meine nicht ganz ernst gemeinte Pizza-Metapher: Das Stundenziel ist eine Pizza Salami. In die Teillernziele gehören demnach der Pizzaboden, Tomatensauce, Käse und Salami. Vielleicht noch Paprika oder Champignons. Definitiv aber keine Auberginen oder Artischocken. Fehlt aber z. B. die Tomatensauce, geht die Gleichung ebenfalls nicht auf.

Oft hört oder liest man, ein Text solle „zum Nachdenken anregen" oder eine Aufgabe sei dazu da, dass sich Schülerinnen und Schüler „intensiver damit beschäftigen". Derlei Intentionen sind zwar angebracht, bleiben jedoch zu abstrakt.

Lernziele haben im Stundenentwurf eine herausgehobene Rolle. Oftmals werden sie von den Gutachterinnen und Gutachtern im Laufe der Stunde abgehakt oder eben nicht. Dann heißt es im Auswertungsgespräch z. B.: „Sie haben ja nur drei Ihrer sechs Teillernziele erreicht." Da sich der Stundenerfolg v. a. am Erreichen der Lernziele bemisst, sollte man bei deren Bestimmung und Formulierung besonders sorgfältig sein.

2.7 Geplanter Unterrichtsverlauf/Artikulationsschema

Das **Artikulationsschema** gibt in tabellarischer Form den geplanten Verlauf des Unterrichts wieder. Das Ziel ist hierbei, den Gutachterinnen und Gutachtern in kompakter Form eine Übersicht über zentrale Schritte und Handlungen zu liefern. Insofern sind Artikulationsschemata weniger Teil der Unterrichtsplanung als vielmehr ein Darstellungsformat, welches in Kurz- wie in Langentwürfen zum Einsatz kommt. Die Vorgaben, welche Kategorien zu berücksichtigen sind und wie ausführlich die Darstellung erfolgen soll, variieren erheblich. Deshalb werden im Folgenden unterschiedliche Varianten vorgestellt, deren Kategorien aber wiederum beliebig kombiniert werden könnten.

Variante 1:

Unterrichtsphase	Inhalt	U-Form	Medien
Einstieg	Sprichwort *Erklärung der Bedeutung*	Materialimpuls, Schüleräußerungen	Folie, OHP
…	…	…	…

Variante 2:

Zeit	Phase	Inhalt	Sozialform	Medien	Bemerkung
…	…	…	…	…	…

Variante 3:

Zeit	Phase	Lehrerhandeln	Erwartetes Schülerhandeln	Lernziel(e)	Medien
…	…	…	…	…	…

- **Zeit**
  Hier werden Start- und Schlusszeitpunkt der Phase (8.45 bis 9.03 Uhr) oder aber die Dauer in Minuten (18 Min.) genannt. Viele Gutachterinnen und Gutachter verstehen dies als groben Richtwert, einige achten aber auch penibel auf die Einhaltung der Planung.
  Die Angabe der benötigten Zeit fällt selbst erfahrenen Lehrkräften oft schwer. In der Ausbildungsphase wird schätzungsweise in 80 % der Stunden mehr Zeit gebraucht als veranschlagt, in 10 % weniger und 10 % sind eine Punktlandung. Diese 10 % sind meist hoffnungslos überlenkt …
- **(Unterrichts-)Phase**
  Je nachdem, ob es noch eine separate Spalte für die Unterrichtsinhalte gibt, werden hier entweder nur die Phasen benannt (Einstieg, Erarbeitung, Ergebnissicherung, Vertiefung …) oder aber jeweils noch erläutert (Einstieg: Stummer Bildimpuls über eine Karikatur).
- **Inhalt**
  Hierunter wird meist eine Mischung aus Gegenstand- und Inhaltsbeschreibung verstanden (stummer Impuls über eine Karikatur; Ableitung der Regel zum Komma bei Infinitivgruppen, die von Substantiven abhängen, aus Beispielen)

- **Unterrichtsform, U-Form**
  Hier werden Arbeits- und Sozialformen, aber zuweilen auch Methoden, benannt (Unterrichtsgespräch, Stillarbeit, Einzelarbeit, Textanalyse ...).
- **Sozialform**
  Dies ist die präzisere Kategorie, die lediglich die Formen des sozialen Interagierens berücksichtigt (Einzel-, Partner-, Gruppen-, Plenumsarbeit).
- **Medien**
  Es werden Medien und Geräte zur medialen Nutzung aufgeführt, die über die Sprache hinausgehen, und die in der jeweiligen Phase zum Einsatz kommen (Buch, Arbeitsblatt, Overheadprojektor, Handy).
- **Lernziel(e)**
  Die Lernziele werden entweder explizit benannt, oder es wird durch Nummern gekennzeichnet, welches der separat aufgeführten Lernziele in der jeweiligen Phase erreicht werden soll.
- **Bemerkung(en)**
  Hier lassen sich alle Besonderheiten kommentieren. Diese Spalte ist insbesondere in heterogenen Lerngruppen sinnvoll, wo Differenzierungsmaßnahmen notwendig sind oder wo zum Beispiel Kinder mit (besonderem) Förderbedarf gezielterer Aufmerksamkeit bedürfen.
- **Lehrerhandeln**
  Diese Kategorie ist seltener. Hier wird explizit beschrieben, wie die Lehrkraft in der jeweiligen Phase handelt und was sie sagt („Danach werde ich die Arbeitsblätter austeilen und dabei darauf achten, dass diese noch nicht umgedreht werden, sodass alle zum gleichen Zeitpunkt mit der Arbeit beginnen.", „Falls niemand sich äußert, werde ich zunächst durch einfache Impulse [Und? Na?] und ggf. durch Fragen versuchen, das Gespräch in Gang zu bringen").
- **(Erwartetes) Schülerhandeln**
  Diese Kategorie ist etwas häufiger, aber auch nicht überwiegend anzufinden. Es soll antizipiert werden, was die Schülerinnen und Schüler wohl tun werden („Die SuS lösen in Stillarbeit die Aufgaben." „Es wird sich vermutlich eine lebhafte Diskussion ergeben." „Einzelne SuS werden den Roman nicht gelesen haben.").

Für den Unterricht in (sehr) heterogenen Lerngruppen schlage ich folgendes Artikulationsschema vor, das explizit Differenzierungsmaßnahmen in den Blick nimmt und auch Alternativplanungen berücksichtigt:

Variante 4:

Zeit	Phase/ Inhalt	Alternative	Arbeits-/ Sozialform	Medien	Differen-zierung
...	...	...	...	...	...

Unter *Alternative* kann vermerkt werden, was zu tun ist, falls ein Unterrichtsschritt nicht erwartungsgemäß zum Erfolg führt, also ein alternativer Lernweg.

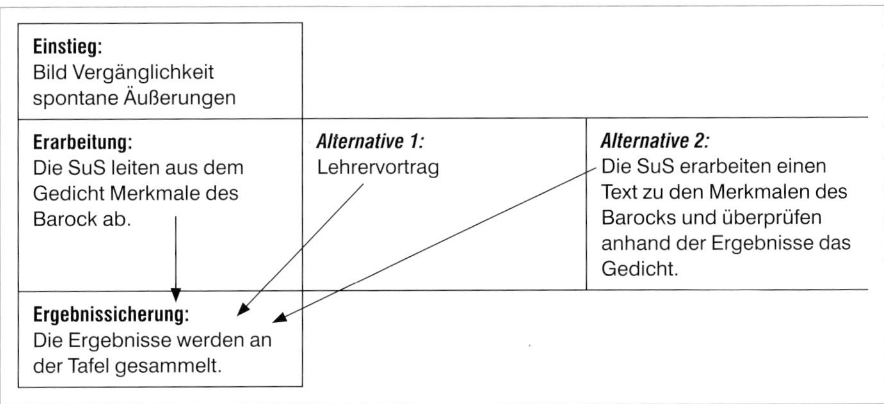

Abb. 8: Alternativplanung (aus: von Brand [5]2016, S. 210)

Unter *Differenzierung* kann aufgeschlüsselt werden, ob und inwiefern einzelne Schüler/innen(-Gruppen) alternative Lernwege bestreiten sollen.

Im Downloadbereich finden sich unterschiedliche Vorlagen für Artikulationsschemata.

2.8 Methodische Realisierung

Bei der methodischen Realisierung kommt es vor allem auf die **Passung** an. Das heißt, dass die Methode gut geeignet sein muss, um das jeweilige Ergebnis auch zu erzielen. Ähnlich der Entwicklung des Lehr-Lern-Prozesses (siehe Kapitel 2.5.3) lautet die Fragestellung für die Methodik daher: **Wie lassen sich die gewünschten Ziele (Erlernen der Regel x, Erkennen des Umstandes y etc.) am einfachsten, am schnellsten, am besten oder am nachhaltigsten (für möglichst alle Schülerinnen und Schüler) erreichen?**

Für die methodische Realisierung lassen sich zwei wesentliche Bereiche unterscheiden: die eher allgemeinen **Handlungsmuster** sowie die spezifischen **Methoden** zur Erschließung von Unterrichtsgegenständen. Handlungsmuster sind die allgemeinen **Unterrichtskonzepte**, die **Gesprächs- und Vortragsformen** sowie die **Sozialformen** (vgl. Abb. 9). Alle drei Handlungsmuster werden in Ihrer Unterrichtsstunde von Bedeutung sein, für die letzteren zwei werden Sie für jede Phase Entscheidungen treffen müssen. Die Auflistung der Sozialformen ist dabei abschließend (ein Nebenher mehrerer Formen wäre denkbar) und auch die genannten Gesprächs- und Vortragsformen umfassen die wesentlichen Varianten.

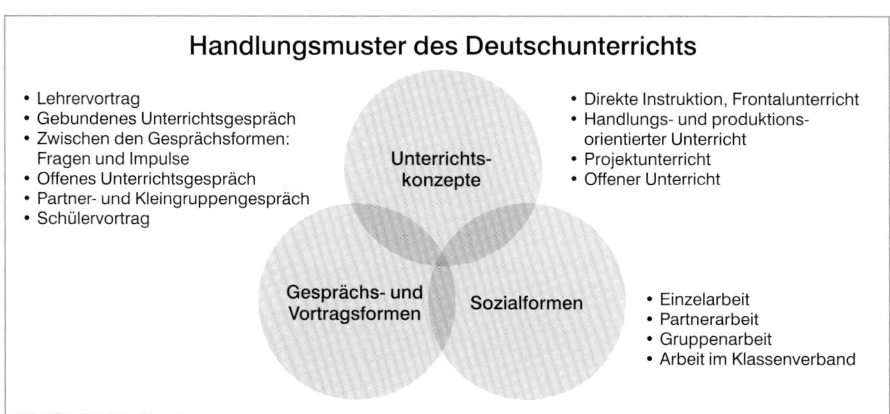

Abb. 9: Handlungsmuster des Deutschunterrichts

Wie findet man die passende **Sozialform**? Einzelarbeit ist vor allem dort funktional, wo Wissen angeeignet oder Individualkompetenzen ausgebaut und gefestigt werden sollen. Partnerarbeit bietet sich vor allem dort an, wo kooperativ gelernt wird oder werden kann, wo also zwei Schüler/innen sich gezielt ein- oder gegenseitig unterstützen. In Gruppenarbeit kann man gut arbeitsteilig und projektartig arbeiten, und außerdem können hier Diskussionen etwas unbefangener durchgeführt werden, wo die Möglichkeit, aber auch der Druck, sich zu beteiligen, größer ist. Gruppenarbeit bietet meist einen gewissen Schutzraum vor der Beobachtung und Beurteilung durch die Lehrkraft. Arbeit im Klassenverband ist geeignet, um den Rahmen des Unterrichts abzustecken (Aufgaben, Ansprüche, Regeln), um Inhalte zu diskutieren, die alle betreffen, und vor allem um gemeinsam die Arbeitsergebnisse zusammenzutragen und zu reflektieren.

Ähnlich verhält es sich mit passenden **Gesprächs- und Vortragsformen**: Wenn nicht gerade Stillarbeit angesetzt ist, werden Sie sich für Sprech- und Kommunikationsformen entscheiden müssen. Diese korrelieren insofern stark mit den Sozialformen, als in bestimmten Konstellationen (Einzel-, Partner-, Gruppenarbeit) die Gesprächsformen nahezu gesetzt sind, also lediglich im Plenumsunterricht wirklich variiert werden kann.

E

Methoden für einzelne Lernbereiche (vgl. Baurmann, von Brand, Menzel, Spinner [3]2017)

- **Sprechen und Zuhören**

- **Lesen – Umgang mit Texten und Medien**

- **Schreiben**

- **Sprache und Sprachgebrauch untersuchen**

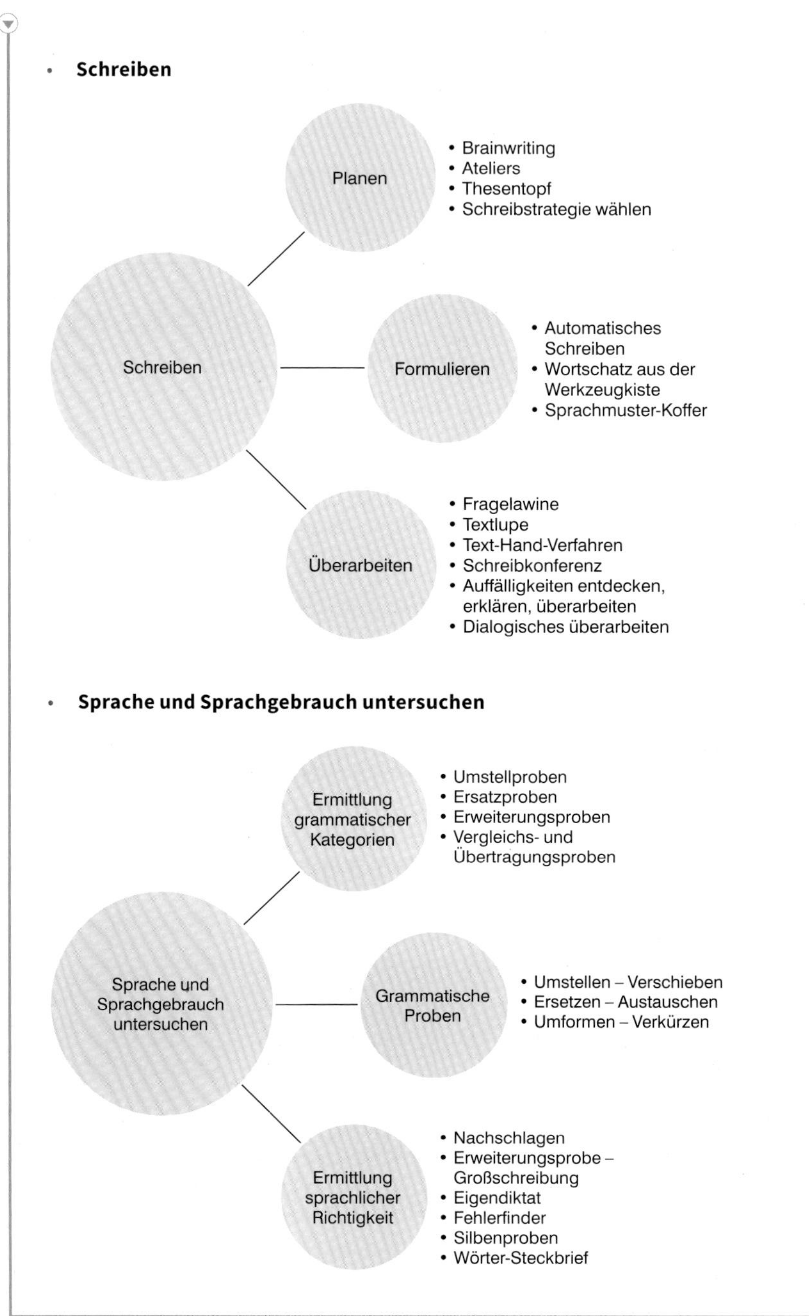

Die **Unterrichtskonzepte** sind methodische Rahmengebäude, von denen auch mehrere innerhalb einer Stunde Verwendung finden können. Diese dienen eher einer allgemeinen Orientierung, ohne dass man sich im Rahmen der Unterrichtsplanung explizit entscheiden müsste

Bei den **Methoden** im engeren Sinn lassen sich noch Verfahren, Methoden und Arbeitstechniken unterscheiden. Erstere umfassen wiederum verschiedene Methoden (handlungs- und produktionsorientierte, analytische, diskursive, szenische Verfahren), letztere sind einzelne, präzise bestimmbare Arbeitsschritte mit deutlich handwerklicherer Ausrichtung. Die Wahl von Verfahren ist stärker angelehnt an die Interessen, Fähig- und Fertigkeiten der Schülerinnen und Schüler, wohingegen die spezifische Methode eher über die Erfordernisse des Lerngegenstands bestimmt wird.

Auch in der Darstellung Ihrer methodischen Planung sollten Sie (verworfene oder mögliche) Alternativen erläutern und begründen, warum Sie sich für oder gegen etwas entschieden haben. („Denkbar wäre auch die Präsentation des Textes als Hörbuchfassung gewesen, dies hätte jedoch den Schwerpunkt der Beschäftigung auf das Hörverstehen und damit auch auf den Inhalt gelegt. Mir kommt es jedoch gerade durch das textnahe Lesen auf die Wahrnehmung des sprachlichen Ausdrucks an."). Die Darlegung der methodischen Realisierung hat oft einen stark deskriptiven Charakter und folgt chronologisch der Phasierung der Stunde.

Da gerade in der didaktischen und methodischen Realisierung **Entscheidungen** von Ihnen zu fällen sind, ist es wichtig, diese gut zu **begründen**.

2.9 Medieneinsatz

Die Bestimmung des **Medieneinsatzes** wird oftmals in die methodische Realisierung integriert. Ähnlich wie dort lautet die wichtigste Frage in der Planung: **Welches Medium eignet sich am besten, um den gewählten Unterrichtsinhalt/-gegenstand zu präsentieren oder zu erschließen?** Sollte die Karikatur für den Unterrichtseinstieg besser per Overheadprojektor oder Beamer an die Wand projiziert werden, oder ist es nützlicher, wenn alle Schülerinnen und Schüler einen Ausdruck zur Verfügung gestellt bekommen? Macht es Sinn, den literarischen Text zunächst mündlich zu präsentieren, ist eine Kopie notwendig? Wähle ich für die Ergebnissicherung besser Overheadfolien, Wandplakate oder das Heft?

Es sollten jeweils alle realistischen Möglichkeiten abgewägt werden, bevor man sich begründet für eine entscheidet. Je nach Platz, ist es im Stundenentwurf vorteilhaft, wenn man zumindest ein oder zwei derartige Entscheidungsprozesse auch entsprechend dokumentiert.

2.10 Materialien und zusätzliche Informationen

In den Anhang des Langentwurfs werden abschließend in der Regel folgende Dokumente und Informationen integriert:

- **Materialien und erwartete Ergebnisse des Unterrichts**
  Sowohl Materialien, die eingesetzt werden (Arbeitsblätter, Texte, Folien), als auch solche, die neu erstellt werden (erwartete Tafelbilder, ggf. sonstige geplante Ergebnisse) sind anzufügen, sofern das möglich ist. Andere verwendete Medien sollten separat aufgeführt, mindestens aber im Literaturverzeichnis genannt werden (Filme, Internetquellen, Lehrwerke etc.).
- **Kommentierter Sitzplan**
  Oft wird ein kommentierter Sitzplan gefordert, auf dem vermerkt wird, wie sehr sich die jeweiligen Schülerinnen und Schüler am Unterricht beteiligen und wie die Qualität der Beiträge durchschnittlich einzuschätzen ist.
- **Literaturverzeichnis**
  Das Literaturverzeichnis sollte alle verwendete Literatur enthalten. Das umfasst für einen Stundenentwurf im Fach Deutsch in aller Regel Texte aus der allgemeinen Pädagogik (Bedingungsanalyse, didaktische Analyse, methodische Realisierung), der Germanistik bzw. Sprach- und/oder Literaturwissenschaft (Sachanalyse) sowie aus der Deutschdidaktik (didaktische Analyse, methodische Realisierung, evtl. Sachanalyse). Darüber hinaus sollten der geltende Rahmenplan/Lehrplan bzw. das Kerncurriculum enthalten sein. Den Schwerpunkt sollte Literatur aus der Deutschdidaktik bilden. Weniger als zehn Quellen sollten nicht benannt sein.

Im Folgenden finden Sie einen vollständigen Langentwurf, den Sigrid Kippelt verfasst und mir freundlicherweise für diese Publikation zur Verfügung gestellt hat. Alle Namen, Institutionen und Orte darin sind verändert. Der Entwurf ist besonders gut gelungen, auch wenn er im Einzelnen vielleicht nicht den formalen Vorgaben oder auch den Vorstellungen Ihres jeweiligen Studienseminars, Ihrer Universität oder Ihrer Schule entspricht. Der Entwurf findet sich auch im Downloadbereich, wo ich ihn an einigen Stellen noch kommentiert habe.

Beispielhafter Stundenentwurf

Sandra Holst
Studienreferendar
Studienseminar Kirchehrenbach
für das Lehramt an Gymnasien

Leutenbach, den 17.9.2017

Entwurf zum zweiten Besonderen Unterrichtsbesuch im Fach Deutsch

Schule:	Walberlagymnasium
Klasse:	D 2, 13. Jahrgangsstufe
Datum:	19.9.2017
Zeit:	11.30–12.15 Uhr
Raum:	A 211
Seminarleitung:	OStD Karl-Heinz Hetzel
Fachleiterin (Deutsch):	StD'in Sabine Mühlhäuser
Fachleiter (Politik):	StD Alexander Sebastian Bernhardi
Schulleitung:	OStD Uwe Richter / StD'in Alexandra Liebig
Fachlehrerin:	StR'in Sandra Holst

Thema der Unterrichtseinheit:	Zwischen Pathos und Protokollton: Luftkrieg und Literatur – Zur Umsetzbarkeit von Katastrophen in der Literatur
Thema der Unterrichtsstunde:	Literatur auf dem Prüfstand: Wolfgang Borcherts lyrische Darstellung des Feuersturms auf Hamburg

1 Angaben zur Lerngruppe

Im Anschluss an eine kurze Hospitationsphase unterrichte ich den Grundkurs Deutsch D2 der 13. Jahrgangsstufe seit dem 19.9.2017 unter der fachlichen Begleitung von Frau Holst. Diese Lerngruppe besteht aus 26 Schülern[1], neun jungen Frauen und siebzehn jungen Männern und wurde zu Beginn dieses Schuljahres aus zwei unterschiedlichen Grundkursen neu zusammengesetzt. Die Schüler traten mir und dem Unterrichtsthema von Beginn an freundlich und interessiert gegenüber, sodass das gemeinsame Arbeiten von einer angenehmen Lernatmosphäre geprägt ist.

Diese Lerngruppe weist eine heterogene Struktur auf, welche sich in quantitativen und qualitativen Leistungsunterschieden im mündlichen Bereich feststellen lässt. So verhält sich ein Großteil der Schüler engagiert und interessiert dem Unterricht gegenüber und zeigt dies in einer aktiven Auseinandersetzung mit den Lerngegenständen, obgleich diese Beiträge gleichzeitig eine deutliche qualitative Streuung aufweisen.[2] Besonders einige Leistungsspitzen wie Peter[3] und Henri gestalten die wesentliche Progression des Unterrichtsgesprächs durch Transferbeiträge und greifen dabei auf ein fundiertes Wissen zurück. Andere Schüler verhalten sich hingegen passiv-rezeptiv; um diese Schüler verstärkt in den Unterrichtsverlauf zu integrieren, versuche ich, sie durch Phasen selbstständiger Erarbeitung zu einer aktiven Auseinandersetzung mit den Unterrichtsinhalten und Textgrundlagen anzuregen. Auf dieser Grundlage sind sie dann zumeist auch in der Lage, das Unterrichtsgespräch zu bereichern, verharren jedoch oft auf der reproduktiven Ebene. Die vorherrschenden Unterrichts- und Sozialformen sind deshalb neben dem fragend entwickelnden Unterrichtsgespräch auch Phasen der Gruppen- und Partnerarbeit, um auch die schwächeren Schüler in den sich anschließenden Auswertungsphasen stärker in das Unterrichtsgespräch einzubinden. Die dargestellte Heterogenität im Leistungsvermögen dieses Kurses begreife ich aber insgesamt als Herausforderung, den Unterricht so zu gestalten, dass möglichst alle Schüler aktiviert werden können.[4]

1 Aus Gründen der Lesefreundlichkeit werde ich im Folgenden die inklusive Form verwenden.

2 Vgl. 10.1: Kommentierter Sitzplan.

3 Problematisch ist in diesem Zusammenhang, dass die Beiträge von Peter, die sein großes Interesse an Literatur und seine außergewöhnliche Lektürebasis spiegeln, eine ablehnende Haltung seiner Mitschüler evozieren. Ich versuche, dieser Haltung behutsam, aber entschieden, entgegenzutreten, indem ich die Schüler auf sachliche Interaktionsmöglichkeiten aufmerksam mache.

4 Vgl. 7: Methodische Überlegungen.

2 Stellung der Stunde im Rahmen der Unterrichtseinheit

Die Prüfungsstunde ist die vierte einer auf sechs Stunden angelegten Unterrichtseinheit mit dem Thema: *Zwischen Pathos und Protokollton: Luftkrieg und Literatur – zur Umsetzbarkeit von Katastrophen in der Literatur.* Diese Unterrichtseinheit zielt auf eine kriteriengestützte Auseinandersetzung mit ästhetischen Gestaltungsprozessen, indem die Schüler anhand verschiedener Texte über die Bombardierung der deutschen Städte im Zweiten Weltkrieg die Funktion von Literatur im Kontext von Sprache und Wirklichkeit diskursiv erörtern.

Im Rahmen dieser Einheit haben sich die Schüler mit dem historischen Hintergrund zum Hamburger Luftangriff im Sommer 1943 vertraut gemacht und sich bereits in der Auseinandersetzung mit einem Interview des Zeitzeugen Wolf Biermann damit beschäftigt. Ebenso ist die grundsätzliche Problematik der literarischen Darstellung der Katastrophe des Luftkrieges anhand dieses Textes bereits erörtert worden, da ausgehend vom Augenzeugenbericht Biermanns mögliche literarische Formen antizipiert und mit den Positionen von W. G. Sebald und von M. Reich-Ranicki konkretisiert und überprüft wurden. Die Konsequenzen, die diese für eine literarische Umsetzung haben könnten, sind hierbei besonders in den Blick genommen worden. In der Prüfungsstunde erfolgt nun die erstmalige Auseinandersetzung mit einem fiktionalen Text von Wolfgang Borchert, in dem die Ereignisse des „Feuersturms“ poetisiert dargestellt sind. Die Stunde hat somit die Funktion des Transfers von literaturtheoretischen Gestaltungsprinzipien und -fragen auf poetische Texte. Zugleich ist diese Stunde auch eine Gelenkstunde, da ausgehend von dem Gedicht Borcherts weitere fiktionale Texte, die sich mit dieser Thematik beschäftigen, untersucht werden sollen. So soll in den beiden Folgestunden zweierlei geleistet werden: zum einen die Auseinandersetzung mit verschiedenen epischen Texten[5], zum anderen eine Bilanzierung der Unterrichtseinheit auf der Grundlage der behandelten Texte, indem abschließend diskutiert werden soll, ob die literarischen Gestaltungsprinzipien für die Katastrophendarstellung adäquat sind[6] bzw., ob es überhaupt Aufgabe von Literatur ist, die Wirklichkeit abzubilden.

---

5 Diese sind der Romananfang *Vergeltung* von Gert Ledig, Auszüge aus Nossaks *Untergang,* Fichtes *Jäcki liest,* Hechts *Letzte Begegnung* und Bruhns *Der Feuersturm,* wovon die vier letzteren Texte in arbeitsteiliger Gruppenarbeit erarbeitet werden sollen. Vgl. Ledig, G. (1956): Vergeltung. Frankfurt am Main: S. Fischer Verlag. Neudruck 1999. Nossak, H. E. (1948): Der Untergang. Hamburg 1943. Hamburg: Ernst Kabel Verlag. Nachdruck 1993. Fichte, H. (1971): Jäcki liest. Hecht, I. (1984): Letzte Begegnung. Bruhn, J. (2002): Der Feuersturm. Bis auf die Textauszüge von Ledig und Nossak sind alle anderen dem folgenden Band entnommen: Hage, V. (2003): Hamburg 1943. Literarische Zeugnisse zum Feuersturm. Hamburg: Fischer Taschenbuch Verlag.

6 Die Auswahl der Texte impliziert auch die Thematisierung der Frage, inwieweit Autoren, welche die Luftangriffe selber nicht erlebt bzw. die Folgen der Bombardierungen nicht gesehen haben, über diese Ereignisse adäquat schreiben können.

3 Angaben zum Thema

Im Juli 1943 flogen die alliierten Luftstreitkräfte eine Reihe von Angriffen auf Hamburg mit dem Ziel der möglichst vollständigen Vernichtung und Einäscherung der Stadt. Bei der „Operation Gomorrha" wurden zehntausend Tonnen Spreng- und Brandbomben abgeworfen, die zu dem legendären „Feuersturm" führten, bei dem 300.000 Wohnungen, fast die Hälfte des Hamburger Wohnraums, zerstört wurden und etwa 40.000 Menschen starben.[7] Nach den Angriffen zeigte sich das Ausmaß der Katastrophe in grauenhaften Bildern, überall lagen entstellte Leichen, und ein Brandgeruch lag über der Stadt.

Eine Reihe von fiktionalen und nichtfiktionalen Texten[8] setzt sich mit dem Ausmaß dieser Katastrophe in unterschiedlicher Intensität auseinander. Auch Wolfgang Borchert, der als junger Wehrmachtsoldat kurz nach den Luftangriffen während eines Heimaturlaubes seine Heimatstadt Hamburg besuchte[9], thematisiert in dem Gedicht *Hamburg 1943* den Feuersturm und seine Folgen. Das bereits im September 1943 im Hamburger Abendblatt erschienene Gedicht[10] verweist schon in seinem Titel auf den Inhalt des Textes und zeigt das ‚Danach' der Luftangriffe. In dem Gedicht wird zunächst die Gegenwart der Zerstörung, die verwüstete Stadt, geschildert, während im Anschluss daran eine Rekonstruktion dessen, was die Stadt einmal war und wieder sein wird, formuliert wird. Die Folgen des Luftkrieges für die Stadt werden dabei aus der Perspektive eines von außen kommenden Beobachters dargestellt, der den Anblick der bis zur Unkenntlichkeit verfremdeten, von Menschen anscheinend entleerten Totenstadt und die damit einhergehende gesichtslose Trümmerlandschaft metaphorisch verwandelt. Dieser kaum erträgliche Anblick der Stadt wird in eine pathetische Beschwörung gewendet, die sich an den Zeitdimensionen der Vergangenheit und der Zukunft orientierend einen Weg in die Zukunft, in die Normalität, aufzeigt.

Diese Wendung innerhalb des Textes von der bildhaften Beschreibung der zerstörten Stadt hin zur Orientierung auf das „Prinzip Hoffnung" zeigt sich auch in der Tiefenstruktur des Textes: Formal besteht das Gedicht aus drei vierzeiligen Strophen, die in der ersten und letzten Strophe durch Kreuzreime, in der zweiten Strophe durch einen umarmenden Reim gebunden sind. Der Wechsel der Reimbindung und des Metrums (Daktylen und Jamben) verweisen auf den Wechsel, der auch inhaltlich konstatiert werden kann. Verklammert werden diese Aspekte durch den umarmenden Reim der gleichsam Vergangenheit, Gegenwart und Zukunft zusammenhält. Dieser Eindruck wird auch durch den Tempuswechsel von Präsens

7 Die damaligen Behördenangaben registrierten den Tod von 18.478 Menschen; diese Angabe ist aber nach der heutigen Forschungslage nicht mehr haltbar. So gehen heutige Historiker von einer Zahl oberhalb von 40.000 Menschen aus, da nur ein Teil der Leichen überhaupt geborgen und identifiziert werden konnte. Vgl. Friedrich, J. (2002): Der Brand. Deutschland im Bombenkrieg 1940–1945. Berlin: Propyläen Verlag; Spiegel Special (2003): Als Feuer vom Himmel fiel. Der Bombenkrieg gegen die Deutschen. Heft 1. Hamburg: Spiegel Verlag.

8 Eine Sammlung von Texten, die explizit das Thema des Hamburger Feuersturms zum Gegenstand hat, wurde im Juni 2003 vom Spiegel-Redakteur Volker Hage herausgegeben. Vgl. Hage, V. (2003): Hamburg 1943. a. a. O.

9 Vgl. Burgess, G. J. A.; Töteberg, M. (Hrsg.) (1996): Wolfgang Borchert. Allein mit meinem Schatten und dem Mond. Briefe, Gedichte, Dokumente. Hamburg: Rowohlt.

10 Vgl. Burgess, G. J: A.; Töteberg, M. (Hrsg.) (1996): Wolfgang Borchert. a. a. O.

(V. 1–6) zu Perfekt (V. 7) und wieder zum Präsens als Zeitform der nahen Zukunft (V. 8–12) realisiert. Besonders augenfällig ist dabei in den ersten sechs Versen die bildhafte Sprache, die durch die Stilmittel der Personifikation und des Vergleichs den Eindruck des Grauenhaften und zugleich Unsagbaren verstärken und veranschaulichen. Der Mond ist kalt und giftgrün (V. 1), die Fenster glotzen hohläugig (V. 2). Die Poetisierung der Zerstörung und die Reduktion der Stadt auf „Natur“ durch die Verwendung zahlreicher metaphorischer und personifizierender Vergleiche verstärken den Eindruck einer Bildhaftigkeit, in der das Ausmaß der Zerstörung allerdings nicht sichtbar wird. Es findet eine metaphorische Verwandlung der Trümmerlandschaft statt, die in Vers drei mit lautmalerischen Elementen deutliche Assoziationen zu Märchen aufweist, *„es wispert und knispert“* (V. 3). Darüber hinaus wird durch die Verwendung des deiktischen *„Da“* (V. 5) in der Verknüpfung mit dem Vergleich (V. 5 f.) die Imagination des Lesers verstärkt und die geschilderte Situation dem Leser vergegenwärtigt, ohne ein authentisches Bild der Trümmerlandschaft zu bieten.

Die ab Vers sieben stattfindende Brechung der Schreckensbilder in eine maritime Metaphorik wird stilistisch durch die Verwendung von Alliterationen, Anaphern und Parallelismen gestützt, die in diesem Zusammenhang eine beschwörende Funktion haben, indem sie einen Rekurs auf den Mythos Hamburgs als Hafenstadt vornehmen. Das Meer in seiner unendlichen Weite und Unzerstörbarkeit fungiert hier als Gegenbild[11] (V. 8f.). Die anaphorische Fortführung des Substantivs „Wind“ zeigt darüber hinaus die Konzentration auf die Zukunft, indem der Wind als Zeitelement eine positive Wendung andeutet. Eine Steigerung innerhalb des Gedichtes ist auch insofern zu konstatieren, als dass es mit der pathetischen Beschwörung *„und er singt von Hamburgs unsterblichem Herzen“* (V. 12) endet, die, unterstützt durch das Ausrufezeichen, die Orientierung auf das Positive und Unvergängliche gewährleisten soll. Die lyrische Form ist hier nicht eine realistische Darstellung der Auswirkungen der Bombenfolgen, sondern ein (kitschiger) Appell an die Hoffnung und ein Signal für das Fortbestehen einer Stadt und deren Bewohner im Zentrum der totalen Zerstörung.

Angesichts der tatsächlichen Schrecken und der Realität in der Stadt erscheint das Gedicht aber insgesamt vorwiegend als ein hilfloser literarischer Versuch mit dem Grauen umzugehen.[12] Der Vers *„und es riecht nach Tauen, Möwen und Meer“* (V. 11) kann in diesem Zusammenhang nur als euphemistischer Versuch gewertet werden, die reale Situation auszublenden[13] und mag für Borchert die einzige Möglichkeit gewesen sein, dies überhaupt literarisch zu verarbeiten. Ebenso erzeugt der zweite Teil des Gedichtes durch Substantive aus dem Seemanns- und Hafenmilieu den Anschein von Idylle. Die reale Situation der zerstörten Stadt wird mit dieser lyrischen Umschreibung nicht eingefangen. Es ist nun eine offe-

11 „und der Wind weht träumend vom Kai“ (V. 8), „und der Wind weht vom Meer“ (V. 9).

12 Vgl. Hage, V. (2003): Hamburg 1943. a. a. O., S. 294. Anzumerken ist an dieser Stelle auch die fehlende literaturästhetische und -theoretische Auseinandersetzung mit diesem Text, immerhin eines Autors, der mit seinen Kurzgeschichten und Dramen zu einem der Hauptexponenten der sogenannten Trümmerliteratur zählt.

13 So verweisen andere Texte, fiktionale und nicht fiktionale, immer wieder auf die totale Zerstörung der Stadtteile, die überall sichtbaren Leichen und auf einen Geruch, der zunächst als Brandgeruch und in den folgenden Wochen als Geruch nach Fäulnis und Verwesung über der Stadt gelegen hat.

ne Frage, inwieweit diese Poetisierung ein hinreichendes Bild der Hamburger Katastrophe erzeugt und ob es literarisch gelungen ist. Der Text zeigt, dass das Ausmaß der Katastrophe offenbar den Lyriker Borchert an die Grenzen seiner Gestaltungsmöglichkeiten gebracht hat und öffnet damit den Blick auf die Frage, ob andere literarische Texte, sachlich abgefasste Berichte, Erlebnisse von Augenzeugen und die von Ämtern und Behörden erhobenen Zahlen insgesamt eine größere Überzeugungskraft haben und dem Geschehen angemessener sind. Stößt nicht angesichts von 600.000 Toten am Boden und 100.000 Toten in der Luft jede literarische Gestaltung an ihre Grenzen? So formuliert Dieter Forte, dass die Sprache die Bilder des Grauens nicht transportieren könne, denn es existiere ein Grauen hinter der Sprache, das nicht mehr schilderbar sei. Eine Erzählung (und auch Lyrik) könne nur die Annäherung an diese Gegenstände leisten.[14] Damit rückt eine literaturtheoretische Betrachtung in den Vordergrund, die von dem Interesse getragen ist, wie Literatur überhaupt auf die vielfältigen Schrecken und Massenmorde des 20. Jahrhunderts reagieren kann. Deutlich wird, dass das vorgestellte Grauen offenbar harmloser ist, zumindest in der lyrischen Verarbeitung Borcherts, als das tatsächliche Grauen.

4 Didaktische Überlegungen

Die Begegnung mit den Folgen des Luftkrieges findet für die Schüler täglich statt, nicht nur in der Konfrontation mit einem Städtebau, der weitgehend auf die Zerstörungen im Zweiten Weltkrieg zurückzuführen ist, sondern auch in einer Vielzahl von Meldungen in regionalen Zeitungen und Wochenmagazinen.[15] Dabei ist diese Begegnung geprägt von Alltäglichkeit und Gewöhnung an Straßenbilder, die vor allem durch die Notwendigkeit eines schnellen Wiederaufbaus entstanden sind. Eine öffentliche Auseinandersetzung mit diesem Thema, insbesondere der Perspektive der deutschen Opfer[16], fand jedoch selten statt, und die literarischen Versuche, sich mit diesem Thema auseinanderzusetzen, wurden oft ignoriert[17] bzw. kaum rezipiert[18]. In der Beschäftigung mit dieser Thematik können allerdings wichtige Ziele

14 Vgl. das Interview mit Dieter Forte. In: Hage, V. (2003): Zeugen der Zerstörung, a. a. O., S. 153.

15 So wurden gerade in der letzten Zeit eine Vielzahl von Maßnahmen zur Entschärfung von Blindgängern in der regionalen Presse (NOZ, ON, Stadtblatt) publiziert und auch Fotografien der Stadt Osnabrück vor der Zerstörung weiter Teile der Stadt durch alliierte Bombenangriffe gezeigt.

16 Dabei kommt auch die immer wieder zu Recht gestellte Frage in den Blick, ob eine Literarisierung oder gar Ästhetisierung der deutschen Opfererfahrung angesichts des Holocaust überhaupt statthaft sei. Vgl. Kiedaisch, P. (Hg.) (1995): Lyrik nach Ausschwitz? Adorno und die Dichter. Stuttgart: Reclam.

17 „Und kein Mensch weiß, wovon ich rede, wenn ich davon rede, wie überhaupt alle, wie es scheint ihr Gedächtnis verloren haben, die vielen zerstörten Häuser und getöteten Menschen von damals betreffend, alles vergessen haben oder nichts mehr davon wissen wollen, [...] ich spreche, wenn ich hier mit Menschen spreche, die tatsächlich alte Einwohner dieser Stadt sind und die dasselbe erlebt haben müssen wie ich, mit den Irritiertesten, Unwissendsten, Vergesslichsten, es ist als redete ich mit einer einzigen verletzenden, und zwar geistesverletzenden Ignoration." Bernhard, T. (1975): Die Ursache. Eine Andeutung. Salzburg: Residenz-Verlag. S. 33.

18 Die von W. G. Sebald in seinen Züricher Poetik-Vorlesungen aufgestellte These, dass der Luftkrieg bzw. die Folgen des Luftkrieges von einer ganzen Generation deutscher Autoren nicht literarisch verarbeitet worden sei, kann in dieser

des Deutschunterrichts erreicht werden, da hier exemplarisch die Funktion von Literatur untersucht werden kann. Inwieweit sind Katastrophen sprachlich angemessen umsetzbar? Welche literarischen Konzepte können die Bilder der Zerstörung transportieren? Ist ein solches Geschehen überhaupt noch mit herkömmlichen Mitteln zu erzählen? Was vermag Literatur? Diese Fragen bieten die Möglichkeit, unter dem Fokus literarischer Texte eine Reflexion über Literatur und Sprache zu initiieren und die Reflexionsfähigkeit und das Urteilsvermögen der Schüler zu fördern. Darüber hinaus erlaubt der thematische Zugang eine Integration der verschiedenen Aufgabenbereiche des Deutschunterrichts, indem die Reflexion über Sprache und die Analyse der sprachlichen Form gewinnbringend miteinander verbunden werden können. Die ausgewählten literarischen Werke bieten unterschiedliche Entwürfe der Wirklichkeit und von Bewältigungsmöglichkeiten und eröffnen somit den Zugang zu einer Reflexion über die wechselseitige Bedingtheit von Sprache und Literatur. Besonders für Schüler der Oberstufe erscheint es angemessen und wichtig, eine Thematik aufzugreifen, die einen Beitrag zur ästhetischen Erziehung leisten kann, indem die Urteilsbildung der Schüler über Texte, ihre Aussagekraft und ihre Qualität diskursiv gefördert wird.[19] Formal legitimiert sich das Unterrichtsthema aus den Niedersächsischen Rahmenrichtlinien und dem Anstaltslehrplan, die eine Beschäftigung mit Sprache und Wirklichkeit im Spiegel unterschiedlicher Textarten für diese Jahrgangsstufe verbindlich vorsehen.[20]

Das für die Prüfungsstunde ausgewählte Gedicht kann hinsichtlich der formulierten Überlegungen als exemplarisch gelten, da hier die prinzipielle Problematik der Ästhetisierung und Poetisierung angesprochen werden kann.[21] Die didaktische Reduktion auf diesen Text ermöglicht einen ersten Zugang zu der Frage, inwieweit literarische Texte in der Lage sind, Katastrophen zu verarbeiten. Den Schwerpunkt der Stunde lege ich deshalb auf die Förderung prozessorientierter Fähigkeiten, da die Schüler auf der Grundlage der Analyse der Form- und Strukturmerkmale dieses Textes ihre Funktion für den Text erfassen und daran anknüpfend einen eigenständigen Interpretationsansatz entwickeln sollen, um zu einer kriteriengestützten literarischen Wertung bezüglich der Qualität des Textes zu gelangen. Der Fokus der Stunde liegt damit zwangsläufig nicht auf einer geschlossenen Interpretation, sondern vielmehr in der Förderung der Fähigkeit, über die Literarisierung dieses historischen Ereignisses aus

Form als nicht haltbar eingeordnet werden. Dieser These kann sicherlich nicht nur mit rein quantitativen Argumenten begegnet werden. Vielmehr scheint die kritisierte Nicht-Auseinandersetzung eher ein Problem zu sein, das auf der Ebene der Rezipienten und nicht auf jener der Autoren liegt. Exemplarisch sei in diesem Zusammenhang auf zwei Rezensionen zu Gert Ledigs Roman *Vergeltung* aus den Jahren 1956 und 1999 verwiesen, die völlig unterschiedliche Perspektiven auf die literarische Auseinandersetzung mit diesem Thema eröffnen. Wurde der Roman 1956 geschmäht, so wird er heute begeistert gelobt. Offenbar scheint es nach beinahe sechzig Jahren nun möglich zu sein, sich mit der Sichtweise der deutschen Opfer zu beschäftigen. Vgl. Hornung, P. (1956): „Zuviel des Grauens." In: Die Zeit vom 15. 5. 1956, S. 52; Kilb, A. (2000): „Es bellen die Mörser, es rasseln die Ketten." In: FAZ vom 17. 10. 2000, S. 67. Vgl. dazu auch den Überblick über die Debatte in: Hage, V.; Moritz, R.; Winkels, H. (1999): Deutsche Literatur 1998. Jahresüberblick. Stuttgart: Reclam. S. 249–290.

19 Vgl. Zabka T. (2013): Literarische Texte werten. In: Praxis Deutsch Nr. 241, S. 4–12.

20 Vgl. Niedersächsisches Kultusministerium (1990): Rahmenrichtlinien für das Gymnasium, gymnasiale Oberstufe. Deutsch. Hannover: Schroedel. S. 38 f.

21 Vgl. 3: Angaben zum Thema.

verschiedenen Perspektiven nachzudenken. Deshalb erscheint es legitim, bei der Analyse des Gedichtes auf eine formale Analyse des Metrums und der Reimbindung zu verzichten.

Vor der Folie der bisherigen Überlegungen scheint mir folgender didaktischer Lösungsweg schüler[22]- und sachgerecht[23]: In der **Einstiegsphase** sollen die Schüler anhand einer kurzen Filmsequenz[24] des zerstörten Hamburgs ihre Eindrücke schildern und diese im Hinblick auf eine mögliche literarische Umsetzung fokussieren und damit einhergehend mögliche Formen antizipieren. An dieser Stelle ist ein Rückgriff auf die in der Hausaufgabe zusammengefassten Kriterien[25] hilfreich, die an dieser Stelle von den Schülern idealiter eingebracht werden können. Zugleich bietet die Auseinandersetzung mit dem Filmmaterial die Möglichkeit, eine Differenzerfahrung und Beurteilungskriterien als Grundlage für die nachfolgende Textbegegnung zu schaffen. Die Tatsächlichkeit des Grauens der Luftangriffe und seiner Folgen wird hier kontrastiv zu dem Text von Borchert eingesetzt. In der sich anschließenden **Erarbeitungsphase** sollen die Schüler sich dann gezielt mit dem Gedicht Borcherts auseinandersetzen, indem sie den Text sprachlich und inhaltlich analysieren. Durch eine analytische Herangehensweise[26] an den Text können die Schüler Verfahren der Textanalyse anwenden und vertiefen und die Funktion von sprachlichen und formalen Mitteln für die Gedichtaussage herausarbeiten. Die **Auswertungsphase** dient dazu, die Arbeitsergebnisse vorzustellen und zu ergänzen. Den Schwerpunkt der Stunde setze ich auf die Phase der „Aneignung“[27] dieser Ergebnisse, die vor der Folie des Filmausschnittes auf ein gemeinsames Fazit hin konkretisiert und zugespitzt werden sollen. Ich vermute, dass die Schüler nicht zu einem eindeutigen Urteil gelangen, sondern dass sich möglicherweise zwei verschiedene Positionen zur Qualität des Textes herauskristallisieren: 1. Die Position, dass dieser Text als durchaus gelungen und angemessen eingeordnet werden könne und einen Bewältigungsversuch des eigentlich Unsagbaren darstelle.[28] 2. Die Poetisierung werde dem Schrecken des Luftkrieges nicht gerecht und erscheine vor dem Hintergrund des Grauens als schwer erträglich. An dieser Stelle kann, auch aufgrund der rezeptionsästhetischen Erkenntnisse, keine eindeutige Ent-

22 Vgl. 1: Angaben zur Lerngruppe.

23 Vgl. 3: Angaben zum Thema.

24 Die Filmsequenz zeigt Auszüge eines Beitrages des Magazins Spiegel TV, die ich gekürzt habe. Vgl. Spiegel TV History (2003): Feuersturm. Der Bombenkrieg gegen Deutschland. DVD Edition. Gescher: Polar Film & Medien GmbH.

25 Vgl. 8.1: Hausaufgaben zur Stunde.

26 Eine analytische Herangehensweise scheint mir in diesem Zusammenhang funktional, um den Blick für die Qualität des Textes und seiner Angemessenheit im Hinblick auf das tatsächliche Geschehen zu schärfen. Eine handlungs- und produktionsorientierte Arbeitsform würde meiner Meinung nach diesen Blick eher verstellen und den emotional-affektiven Zugang erhöhen. Da das Ziel der Stunde aber vornehmlich in einem literaturtheoretischen Diskurs liegt, der die Leistung dieses Textes und von Literatur allgemein diskutieren soll, muss der analytische Ansatz hier vorgezogen werden.

27 Vgl. das Vier-Phasen Modell von Kreft. In: Fritzsche, J. (1994): Zur Didaktik und Methodik des Deutschunterrichts. Band 3: Umgang mit Literatur. Stuttgart: Ernst Klett Verlag.

28 Obwohl ich diese Position und Interpretation persönlich nicht teile, erscheint sie mir doch als eine Rezeptionsmöglichkeit der Schüler. Der Text bietet hier eine Entlastungsfunktion, da er mit seiner Verharmlosung der realen Situation eine Ausflucht vor den Folgen der Bombardierung zulässt. Damit bietet er eine literarische Option, welche die schwer erträglichen Bilder der Filmsequenz auszublenden hilft.

scheidung und Klärung dieser Frage stattfinden. Vielmehr erscheint es mir als überaus wichtig, dass diese Schüler sich überhaupt mit dieser Frage auseinandersetzen, da hier ein Kernbereich literarischer und ästhetischer Urteilsbildung tangiert wird.[29] In diesem Zusammenhang muss aber auch deutlich werden, dass die Entscheidung für eine der beiden Positionen nicht rein subjektiv ist, sondern Ergebnis einer textgestützten Beurteilung auf der Grundlage einer methodisch korrekten Interpretation. Bei einer Zeitreserve erscheint es mir funktional, das Gedicht von den Schülern vortragen zu lassen. So könnten die Ergebnisse in einem sinn- und stimmungsbezogenen Vortrag auch auditiv umgesetzt werden, der die Interpretations- und Bewertungsergebnisse berücksichtigen müsste. **(Didaktische Reserve)**

Zur weiteren Klärung dieser Frage sollen die Schüler sich in der **Hausaufgabe** auf der Grundlage der Stundenergebnisse mit dem Romananfang *Vergeltung* von Gert Ledig auseinandersetzen[30], indem sie diesen sprachlich analysieren und der Frage nachgehen, ob und inwieweit dieser Text mit seiner mosaikhaften Montage von Schicksalen Deutscher und Alliierter, den parataktischen Satzstrukturen und der Schilderung eines überindividuellen Leidens und seriellen Tötens eine gelungene literarische Umsetzung der Schrecken des Luftkrieges ist.

29 Vgl. Zabka T. (2013): Literarische Texte werten. In: Praxis Deutsch Nr. 241, S. 4–12.

30 Vgl. 8.2: Hausaufgaben zur Folgestunde.

5 Stundenlernziele

Die Schüler sollen auf der Grundlage der sprachlichen und inhaltlichen Analyse und Interpretation des Gedichts von W. Borchert erkennen, dass die lyrische Darstellung eine Differenz zur Wirklichkeit aufzeigt, und kriteriengestützt ein Urteil fällen, inwieweit die Form der Darstellung dem tatsächlichen Geschehen adäquat ist.

Dazu sollen sie im Einzelnen:

- in der Einstiegsphase ein realistisches Bild des Ausmaßes des Hamburger Feuersturms gewinnen, ihre Eindrücke formulieren und daran anknüpfend mögliche literarische Produktionen antizipieren, indem sie auf die in der Hausaufgabe zusammengefassten Kriterien rekurrieren.
- mit Hilfe der sprachlichen Analyse des Textes das Bedingungsgefüge von Inhalt und Form erkennen und ihre zuvor formulierten Hypothesen validieren.
- erkennen, dass die Poetisierung dem tatsächlichen Schrecken des Hamburger Feuersturms nicht gerecht wird, indem sie auf die Filmsequenz rekurrieren.
- davon ausgehend das Gedicht einer kritischen Überprüfung unterziehen, inwieweit es hinsichtlich seines Mitteilungscharakters gelungen ist.
- ihre Fähigkeit zur zielgerichteten und ergebnisorientierten Interaktion erweitern und vertiefen, indem sie auf den Stundenergebnissen aufbauend ihre persönliche Einschätzung zur Qualität des Gedichts formulieren.
- argumentativ darlegen können, inwieweit Literatur überhaupt geeignet ist, Katastrophen darzustellen und zu verarbeiten.
- auf der Grundlage der Stundenergebnisse eine expressive Form der Interpretation vornehmen, indem sie das Gedicht von Borchert sinn- und stimmungsbezogen vortragen. (Didaktische Reserve)
- als Hausaufgabe die Ergebnisse der Stunde auf den Text *Vergeltung* von Gert Ledig übertragen, indem sie mit Hilfe einer sprachlichen und inhaltlichen Analyse des Romananfangs prüfen, ob dieser Roman als eine gelungene Umsetzung der Thematik gelten kann.

6 Geplanter Stundenablauf

Phasen	Inhalte	Sozialform	Materialien/ Medien
Einstieg	Präsentation einer Filmsequenz der zerstörten Stadt Hamburg 1943 Eindrücke zur Filmsequenz	LV SI SÄ	DVD/Laptop/ Beamer Seitentafel
Problematisierung	Antizipation einer möglichen literarischen Umsetzung (Anknüpfen an die Hausaufgabe)	L–S–G	
Erarbeitungsphase	Erste Textbegegnung und Gedichtanalyse: • Untersuchen Sie, mit welchen sprachlichen Mitteln Borchert die Wirklichkeit Hamburgs 1943 darstellt! • Erläutern Sie Funktion und Wirkung der sprachlichen Mittel!	PA	Arbeitsblatt
Auswertung/ Sicherung	Präsentation der Ergebnisse Konkretisierung und Zuspitzung Interpretation, Welche Wirkung wird mit dem Gedicht erzeugt?	L–S–G	Tafel
Diskussion	Steht die Ästhetisierung dem Mitteilungscharakter im Weg oder dient sie ihm? Kritische Stellungnahme der Schüler/ Rückgriff auf die Filmsequenz	UG	
Didaktische Reserve	Gedichtvortrag auf der Grundlage der Stundenergebnisse	SV	Arbeitsblatt
Hausaufgabe	Analyse und Bewertung des Romananfangs Vergeltung von Gert Ledig[31]	EA	Arbeitsblatt/ Arbeitsheft

Unterrichts- und Sozialformen:
LV = Lehrervortrag, SI = Stummer Impuls, SÄ = Schüleräußerung, EA = Einzelarbeit, PA = Partnerarbeit, L-S-G = Lehrer-Schüler-Gespräch, UG = Unterrichtsgespräch

31 Vgl. 8.2: Hausaufgaben zur Folgestunde.

7 Methodische Überlegungen

Den didaktischen Überlegungen und den Angaben zur Lerngruppe folgend, erscheint es mir funktional, den Schülern zu Beginn der Stunde über DVD und Beamer kurze Filmsequenzen des zerstörten Hamburgs zu zeigen und sie zu bitten, ihre Eindrücke dazu zu formulieren. Die von mir zusammengestellte Filmsequenz zeigt Filmdokumente des zerstörten Hamburgs in grausamer Intensität.[32] Es ist daher möglich, dass die Schüler darauf zunächst bedrückt reagieren könnten, sodass ich ihnen Raum geben werde, dies zu artikulieren. In der nachfolgenden Besprechung ihrer Eindrücke erhalten Schüler aller Leistungsniveaus die Möglichkeit, sich bereits zu Beginn der Stunde spontan zu äußern und in den Unterricht einzubringen. Diese Eindrücke werde ich an der Seitentafel festhalten, damit zu einem späteren Zeitpunkt darauf zurückgegriffen werden kann. Die Frage nach einer möglichen literarischen Umsetzung dieser Ereignisse soll im Zentrum der Problematisierungsphase stehen, und die Schüler können dabei auf die in der Hausaufgabe zusammengefassten Kriterien zurückgreifen. Möglicherweise werden die Schüler an dieser Stelle auch die Möglichkeit einer lyrischen Umsetzung aufgreifen. Sollte dies nicht der Fall sein, werde ich gezielt zum Text von W. Borchert überleiten. Ich werde die Schüler bitten, das Gedicht zunächst in Einzelarbeit zu lesen und es anschließend in einer zehnminütigen Partnerarbeit sprachlich und formal zu analysieren. Während dieser Zeit werde ich den Schülern als Berater zur Verfügung stehen. Die Bearbeitung der Aufgabenstellung in Partnerarbeit erscheint hier vielversprechend, da die Schüler sich durch den gegenseitigen Austausch entlasten[33] und ihre Reflexionsfähigkeit fördern können. Zudem hat sich die Partnerarbeit im bisherigen Unterrichtsverlauf bewährt, zu guten Ergebnissen geführt und zu einer stärkeren Einbindung aller Schüler in den Lernprozess beigetragen.[34] Die Auswertung der Partnerarbeit erfolgt im gelenkten Unterrichtsgespräch und soll die Konzentration aller Schüler auf die Ergebnisse der jeweils Vortragenden gewährleisten. Ich werde zunächst schwächere Schüler bitten, ihre Arbeitsergebnisse vorzustellen. Ich erwarte dabei hinsichtlich der Benennung der im Gedicht verwendeten sprachlichen Mittel keine größeren Schwierigkeiten; um an dieser Stelle einer isolierten Aufzählung der sprachlichen Mittel entgegenzutreten, werde ich die Schüler auffordern, ihre Ergebnisse auch in ihrer Funktion für den Text zu erläutern. Die Ergebnisse werden in einem strukturierten Tafelbild festgehalten, um den Schülern zu ermöglichen, in der anschließenden Diskussion darauf Bezug zu nehmen. In dieser Diskussion steht die Frage, inwieweit die literarische Umsetzung Borcherts als gelungen bzw. nicht gelungen eingeordnet werden kann, im Mittelpunkt.[35] Ein Rückgriff auf die in der Einstiegsphase von den Schülern genannten Eindrücke kann hier zusätzliche Beurteilungskriterien einbringen und soll den Blick der Schüler auf die Differenz zwischen lyrischer Darstellung und Filmdokument schärfen.36 An dieser Stelle möchte ich

32 Vgl. 3: Angaben zum Thema.

33 Vgl. 1: Angaben zur Lerngruppe und 10.1: Kommentierter Sitzplan.

34 Vgl. 1: Angaben zur Lerngruppe.

35 Vgl. 4: Didaktische Überlegungen.

36 Vgl. 5: Stundenlernziele.

mich weitgehend zurückhalten, um den Schülern die Möglichkeit zu geben, ihre eigene Meinung zu formulieren. Bei einer Vermischung der verschiedenen Ebenen von Textanalyse, -interpretation und -wertung bzw. bei einem redundanten Leerlauf oder einem schleppenden Gesprächsverlauf behalte ich mir allerdings vor, steuernd einzugreifen. Falls die Schüler sich in dieser Phase wider Erwarten zurückhaltend verhalten, werde ich versuchen, durch gezielte Impulse eine Diskussion zu initiieren. Da die Schüler hier sowohl auf die Positionen Sebalds, Reich-Ranickis als auch auf ihre eigenen Antizipationen möglicher literarischer Formen zurückgreifen können, erwarte ich aber eine breite Beteiligung der Lerngruppe. Die so entstehende Sammelphase der Schüleräußerungen, die im Idealfall kontrovers verläuft, werde ich stundenbeschließend von einem Schüler zusammenfassen lassen und vor diesem Hintergrund die Hausaufgabe stellen.

8 Hausaufgaben

8.1 Hausaufgaben zur Stunde

Fassen Sie die Kriterien, die W. G. Sebald und M. Reich-Ranicki für eine literarische Verarbeitung der Luftkriegthematik aufzeigen, schriftlich zusammen.

8.2 Hausaufgaben zur Folgestunde

Analysieren Sie den Romanauszug und überprüfen Sie kriteriengestützt anhand der Stundenergebnisse, inwieweit es sich bei diesem Text um eine gelungene literarische Umsetzung der Katastrophe des Luftkrieges handelt.

9 Literatur

Textgrundlage

Borchert, W. (1943): Hamburg 1943. In: Hage, V. (Hg.) (2003): Hamburg 1943. Literarische Zeugnisse zum Feuersturm. Frankfurt am Main: Fischer Taschenbuch Verlag. S. 18.

Weiterführende Literatur

Bernhard, T. (1975): Die Ursache. Eine Andeutung. Salzburg: Residenz Verlag.

Burgess, G. J. A.; Töteberg, M. (Hrsg.) (1996): Wolfgang Borchert. Allein mit meinem Schatten und dem Mond. Briefe, Gedichte, Dokumente. Hamburg: Rowohlt.

Friedrich, J. (2002): Der Brand. Deutschland im Bombenkrieg 1940–1945. Berlin: Propyläen Verlag.

Fritzsche, J. (1994): Zur Didaktik und Methodik des Deutschunterrichts. Band 3: Umgang mit Literatur. Stuttgart: Ernst Klett Verlag.

Hage, V.; Moritz, R,; Winkels, H. (Hrsg) (1999): Deutsche Literatur 1998. Jahresüberblick. Stuttgart: Reclam.

Hage, V. (2003): Zeugen der Zerstörung. Die Literaten und der Luftkrieg. Essays und Gespräche. Frankfurt am Main: S. Fischer Verlag.

Hage, V. (2003): Hamburg 1943. Literarische Zeugnisse zum Feuersturm. Frankfurt am Main: Fischer Taschenbuch Verlag.

Hornung, P. (1956): Zuviel des Grauens. In: Die Zeit vom 22. 9. 1956. S. 52.

Kiedaisch, P. (Hg.) (1995): Lyrik nach Auschwitz? Adorno und die Dichter. Stuttgart: Reclam.

Kilb, A. (2000): „Es bellen die Mörser, es rasseln die Ketten." In: FAZ vom 17.10.2000. S. 67.

Ledig, G. (1956): Vergeltung. Frankfurt am Main: S. Fischer Verlag. Nachdruck 1999.

Niedersächsisches Kultusministerium (1990): Rahmenrichtlinien für das Gymnasium, gymnasiale Oberstufe. Deutsch. Hannover: Schroedel.

Nossak, H. E. (1948): Der Untergang. Hamburg 1943. Nachdruck 1993. Hamburg: Ernst Kabel Verlag GmbH.

Sebald, W. G. (2001): Luftkrieg und Literatur. Frankfurt am Main: Fischer Taschenbuch Verlag

Spiegel Special (2003): Als Feuer vom Himmel fiel. Der Bombenkrieg gegen die Deutschen. Heft 1. Hamburg: Spiegel Verlag.

Spiegel TV History (2003): Feuersturm. Der Bombenkrieg gegen Deutschland. DVD Edition. Gescher: Polar Film & Medien GmbH.

Zabka, Thomas (2013): Literarische Texte werten. In Praxis Deutsch Nr. 241, S. 4–12.

10 Anlagen

10.1 Kommentierter Sitzplan

					Pult				Aidan o/o
									Helge o/o
Can o/o									Juri -/o
Philipp -/o	Helena +/+	Eva +/+	René -/-	Julika ++/o	Maxim o/o	Peter ++/++			Sarah o/o
Damian --/-									Kevin -/+
Niklas o/o									Domeniko o/o
Nils o/++	Marc o/+	Phekda --/o	Stefanie -/o	Özlem --/o	Kathleen --/o	Patrick ++/+	Henri ++/++	Christopher +/+	Jan-Felix --/-
Besucher									

Quantität der Beiträge / Qualität der Beiträge

sehr häufig	++	sehr gut
häufig	+	gut
durchschnittlich	0	durchschnittlich
selten	–	ausreichend
nur auf Ansprache	––	schwach

Beispiel für einen kommentierten Sitzplan

10.2 Mögliches Tafelbild

Seitentafel

- erschreckende Bilder
- fassungslos
- grausam
- nachdenklich
- kaum vorstellbar
- betretenes Gefühl

Wolfgang Borchert: „Hamburg 1943“

Sprachliche Mittel/Textbelege	**Wirkung/Funktion**	
V. 1/2 Personifizierungen	giftig, unwirklich	Bildhafte Darstellung des Schreckens
Adjektive	Schrecken	
V. 3 Lautmalerei	gespenstische Atmosphäre	
V. 4/6 Vergleich	Leere, Grauen	
(Wendung)		
V. 7 Tempuswechsel	positive Stimmung	Beschwörung der Hoffnung
V. 8 Alliteration	Wind bringt Neues	
V. 8/9f. Anaphern, Parallelismen	Mythos Hafenstadt	
V. 11 Trikolon	Orientierung auf die Zukunft	
V. 12 Personifizierung		

10.3 Arbeitsblatt

Wolfgang Borchert: „Hamburg 1943“

(1943)

Der Mond hängt als kalte giftgrüne Sichel
über den hohläugig glotzenden Fenstern –
es knistert und wispert rund um den Michel
wie von tausend verirrten Gespenstern.

Da ragt eine Wand wie ein Schrei
in das Grauen der einsamen Nacht.
Gestern hat hier noch ein Mädchen gelacht –
und der Wind weht träumend vom Kai.

Und der Wind weht vom Meer –
und er weht über Freuden und Schmerzen,
er riecht nach Tauen, Möwen und Teer –
und er singt von Hamburgs unsterblichem Herzen!

Arbeitsauftrag:

1. Untersuchen Sie, mit welchen sprachlichen Mitteln W. Borchert die Wirklichkeit Hamburgs 1943 darstellt!
2. Erläutern Sie Funktion und Wirkung der sprachlichen Mittel!

Schlussbemerkungen

Was sollen die Schülerinnen und Schüler lernen und warum sollen sie das tun? Wie sollen sie es lernen und warum sollen sie das so tun?

Das sind die zwei (bzw. vier) entscheidenden Fragen, wenn man Ihren geplanten Unterricht und dessen Realisierung begutachtet. Darin stecken alle wichtigen Aspekte der Unterrichtsplanung, und doch reichen sie selbstverständlich nicht aus. Vielleicht können sie Ihnen aber als Leitfragen dienen, mit deren Hilfe Sie die vorgesehenen Handlungs- und Lernschritte immer wieder überprüfen können. Wenn Sie im Rahmen Ihres Langentwurfs gute Antworten geben, ist das die halbe Miete.

Es gibt aber noch einige Fallstricke für Vorführstunden, auf die man zumindest vorbereitet sein sollte.

Man begibt sich in eine gewisse Abhängigkeit von den Schülerinnen und Schülern und selbstverständlich von den Menschen, die einen am Ende beurteilen. Und es gehört auch zur Vorbereitung, sich auf diese einzulassen und einzustellen. Das eine ist, im Entwurf aufzuschreiben, wie man plant, im Unterricht zu handeln, und das andere, wie man sich verhält. Hier ist Ihre Persönlichkeit gefragt, die einen entscheidenden Anteil am Gelingen des Unterrichts hat. **Freundlichkeit**, **Fürsorglichkeit**, **Verbindlichkeit** und **Klarheit** sind meines Erachtens ganz wesentliche soziale Attribute einer guten Lehrkraft, die man stets anstreben sollte.

Ihre Arbeitsblätter, Tafelanschriebe, Textausdrucke oder Präsentationen sind Aushängeschilder, die auch bewertet werden. Hier ist **Ordentlichkeit** gefragt. Während Materialien, die Sie austeilen, vorbereitet werden können, müssen Sie an der Tafel spontan leserlich, übersichtlich und orthographisch korrekt schreiben. Das sollte man im Vorfeld üben, wenn man kein Naturtalent ist.

Die Technik kann versagen, man kann Unterlagen/Materialien vergessen, die Lerngruppe ist an diesem Tag ganz anders als sonst, mitten in der Stunde gibt es einen Feueralarm, die Heizung ist ausgefallen ... Sofern Sie nicht verantwortlich sind, wird man Ihnen das zwar nicht anlasten, es beeinflusst die Stunde aber doch. Hier sind ein sechstes und ein siebtes Attribut gefordert: **Souveränität** und **Flexibilität**.

Aber bei aller Vorbereitung und Planung und Berücksichtigung und Antizipation gehört am Ende auch einfach ein bisschen **Glück** dazu. Das wünsche ich Ihnen!

Literaturhinweise

Die folgenden Literaturhinweise dienen der vertieften Beschäftigung mit einzelnen Aspekten der Stundenplanung. Sie stellen eine Auswahl an meines Erachtens hilfreichen, grundlegenden und praxisnahen Texten dar. Dabei finden sich neben Titeln, die explizit den Deutschunterricht in den Blick nehmen, auch solche mit allgemeindidaktischer oder -pädagogischer Ausrichtung.

Abraham, Ulf/Beisbart, Ortwin/Koß, Gerhard/Marenbach, Dieter: Praxis des Deutschunterrichts. Arbeitsfelder, Tätigkeiten, Methoden. 7. Auflage. Donauwörth: Auer 2012.

Baurmann, Jürgen/von Brand, Tilman/Menzel, Wolfgang/Spinner, Kaspar H.: Methoden im Deutschunterricht. Exemplarische Lernwege für die Sekundarstufe I und II. 3. Auflage. Seelze: Kallmeyer/Klett 2017.

Baurmann, Jürgen/Kammler, Clemens/Müller, Astrid (Hg.): Handbuch Deutschunterricht. Theorie und Praxis des Lehrens und Lernens. Seelze: Kallmeyer/Klett 2017.

Beste, Gisela: Deutsch Methodik. Handbuch für die Sekundarstufe I und II. 5., überarbeitete Auflage. Berlin: Cornelsen Scriptor 2015.

Beste, Gisela/Reichelt, Ursula: Referendariat Deutsch. Kompaktwissen für Berufseinstieg und Examensvorbereitung. Berlin: Cornelsen 2016.

von Brand, Tilman: Deutsch unterrichten. Einführung in die Planung, Durchführung und Auswertung in den Sekundarstufen. 5. Auflage. Seelze: Kallmeyer/Klett 2016.

von Brand, Tilman/Brandl, Florian: Deutschunterricht in heterogenen Lerngruppen. Individualisierung, Differenzierung, Inklusion in den Sekundarstufen. Seelze: Kallmeyer/Klett 2017.

Esslinger-Hinz, Ilona/Giovannini, Norbert/Hannig, Jutta/Herbert, Leonore/Jäkel, Lissy/Klingmüller, Christine/Lange, Bernward/Neubrech, Nadine/Schnepf-Rimsa, Elke/Wigbers, Melanie: Der ausführliche Unterrichtsentwurf. Weinheim/Basel: Beltz 2013.

Gonschorek, Gernot/Schneider, Susanne: Einführung in die Schulpädagogik und die Unterrichtsplanung. 8. Auflage. Donauwörth: Auer 2015.

Klafki, Wolfgang: Die bildungstheoretische Didaktik im Rahmen kritisch-konstruktiver Erziehungswissenschaft. In: Gudjons, Herbert/Winkel, Rainer (Hg.): Didaktische Theorien. 14. Auflage. Hamburg: Bergmann+Helbig 2015, S. 13–34.

Meyer, Hilbert: Leitfaden Unterrichtsvorbereitung. 8. Auflage. Berlin: Cornelsen/Scriptor 2014.

Wiater, Werner: Unterrichtsplanung. Prüfungswissen – Basis Schulpädagogik. 3. Auflage. Augsburg: Auer 2015.

Zabka, Thomas: Didaktische Analyse literarischer Texte. Theoretische Überlegungen zu einer Lehrerkompetenz. In: Frickel, Daniela A./Kammler, Clemens/Rupp, Gerhard (Hg.): Literaturdidaktik im Zeichen von Kompetenzorientierung und Empirie. Perspektiven und Probleme. Freiburg i. Br.: Fillibach, S. 139–162.

Downloadmaterial

M1: Übersichten zu Methoden

M2: Grafik zu Planungsgrößen

M3: Schritte der Unterrichtsplanung

M4: Vorlagen für Artikulationsschemata

M5: Checkliste zur Unterrichtsqualität

M6: Checkliste für die Bedingungsanalyse

M7: Checkliste für die Bestimmung von Lernzielen

M8: Kommentierter Langentwurf

Register

Unter www.friedrich-verlag.de finden Sie Materialien zum Buch als Download.
Bitte geben Sie den achtstelligen Download-Code in das Suchfeld ein.

DOWNLOAD-CODE: d31120sd

Hinweis:

Das Download-Material enthält sowohl weiterführende Materialien als auch im Buch enthaltene Materialien, die Sie bei der Vorbereitung Ihres Unterrichts unterstützen und/oder Ihnen vertiefende Hintergrundinformationen liefern.

Durch den Kauf dieses Buches (ISBN 978-3-7727-1121-3) haben Sie das Recht erworben, das ergänzende Download-Material in Ihren derzeitigen und zukünftigen Lerngruppen und Klassen einzusetzen und zu vervielfältigen. So können Sie etwa einzelne Seiten ausdrucken und verteilen oder mit Beamer oder Whiteboard verwenden.

Was Sie **nicht** dürfen:

- Das Download-Material oder Teile davon an Kolleginnen und Kollegen weitergeben.
- Das Download-Material oder Teile davon in Netzwerke einstellen, wie etwa Schulserver oder Cloud-Systeme, sodass Kolleginnen und Kollegen darauf Zugriff erhalten.
- Die Lizenzinformation und Quellenhinweise auf dem Downloadmaterial entfernen.
- Bei einer Bibliotheksausleihe des Buches das Download-Material herunterladen.

Bitte tragen Sie im Sinne dieser Lizenz dazu bei, dass wir weiterhin digitales Ergänzungsmaterial für Lehrerinnen und Lehrer bereitstellen können. Der Verlag behält sich dabei vor, auch gegen urheberrechtliche Verstöße vorzugehen.

Unsere Autorinnen und Autoren sowie der Verlag wünschen Ihnen viel Erfolg bei der Nutzung der Materialien!

Haben Sie Fragen zum Download? Dann wenden Sie sich bitte an den Leserservice der Friedrich Verlags GmbH. Schreiben Sie uns oder rufen Sie uns an!

Sie erreichen unseren Leserservice
Montag bis Donnerstag von 8 – 18 Uhr
Freitag von 8 – 14 Uhr
Tel.: 0511/40004-150
Fax: 0511/40004-170
E-Mail: leserservice@friedrich-verlag.de

Wir freuen uns über Ihre Rückmeldung und helfen Ihnen gerne weiter!